知的で、イキで、お洒落な
世界の広告たち
Intelligent, Lively, Distinguished
Ads from Around the World

金子 秀之
Hideyuki Kaneko

研究社

はじめに

「広告と漫画は、ネイティブでなければ分からない」と言った人がいたが、確かにその通りである。人より劣る英語力しか持ち合わせていない私にとって、広告の英語は非常に難しい。しかし、広告の制作畑で育った私には、その広告が何を訴えたいのか、動物的勘でピンとくる。ピンとくれば人に劣らぬねばりと探究心で、ただひたすら解明に集中するのだ。

海外の広告を見たことがあるだろうか。日本の広告とはまた趣が違い、これがなかなか面白い。広告はお国柄を映す鏡だから、その国の生活や人情、考え方が見て取れる。発想の奇抜さや、表現のユニークさに、びっくりさせられることもある。

広告は物やサービスを売る手段であるとともに、優れた制作者たちが競うクリエイティビティの場なのだ。本書では知恵と工夫をこらした作品の中から、いくつかをセレクションして紹介しよう。知的で、イキで、お洒落な世界を、鑑賞していただきたい。

なぜ海外の広告に興味を持ったか

海外広告に初めて興味を持ったのは、1960年代の始め、かつて私が勤務していた資生堂でTV番組を提供することとなり、月に1本のCMを作ることになった時だ。当時は民放テレビの草創期で、テレビCMの教科書もお手本もなく、ラジオのCMに絵をつけるという感じだった。

そのため、私は The Art Directors Club（ADC）や The American TV and Radio Commercials Festival（後の The CLIO Awards）などの入賞作品を入手し、海外のCMがどのように作られているか、何をどう伝えるかなどの表現方法を分析してみた。

海外の優れた広告には非常に緻密で、日本人にはとても考えつかないアイディアがあり、しばしばカルチャーショックを受けた。そしてこれらの優れたCMを見て、自分を発奮させる材料にしたのである。

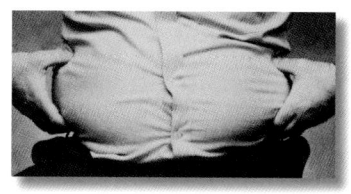

ダブルミーニングの面白さ

欧米の広告を見ていて、必ず出会うのはダブルミーニングのコピーである。同じ言葉で2つの意味を持ち、その意味の違いを楽しむ言葉あそびである。日本でも"シャレ"として長い伝統がある。その昔、料亭のトイレに"朝顔の外に漏らすな竿の露"と達筆で書いてあったのを見たことがある。嫌味を感じないし、上手な方法だと感心した思い出がある（注：朝顔とは男性用の小便器のこと）。

青山学院大学名誉教授のL.J.リンクさんは、ダブルミーニングには次の3種類があると言っている。

A 言葉あそび
B だじゃれ
C Double entendre（ドゥーブル・アンタンドル）
※2つの意味を持ち、特に一方は性的な意味を暗示する言葉遣い。

それぞれ簡単な例を紹介しよう。

A 言葉あそび

Some girls take to the beach, others, the beach takes to them.

ある女の子たちはビーチに行く。ほかの女の子たちはビーチが心を寄せる。
これは洒落た表現で、「ある女の子たちはビーチへ行くが、ほかの女の子たちはビーチの人たちからちやほやされる」という意味。このユーモアは "take to" が "〜へ行く" と "〜が好きになる" という2つの意味を持つことで表現されている。

B だじゃれ

Frank's hangup is that he can't hang up the telephone.

*hangupは「解決したいのだが、なかなか解決できない問題」という意味。
John has a hangup about computers.
ジョンは何かの理由でコンピューターが嫌い、または使えない。
Frank's hangup（名詞として使用）is that he can't hang up（動詞として使用）the telephone. は、「フランクの悩みは、電話が切れない、つまり話しつづける」ということ。

このように語呂合わせの場合、基本的に同じ語の名詞形と動詞形の意味の違いで語呂合わせにすることがある。

C ドゥーブル・アンタンドル

イギリスに Hanky Panky というスナックのCMがあった。hanky-panky とは "男女がいちゃいちゃする" というような意味で、辞書にも「ごまかし、いんちき、いいがかり、いかがわしいこと」とある。日本のメーカーだったら、絶対につけない商品名だ。このCMの登場人物は2人。熟年のおじさんとレディ。このレディが美女ならまだしも、間違っても男が下心なんか持ちそうもないおばさまだけに、見ていておかしい。

男 Would you care for a little Hanky Panky, Madam?
「ハンキーパンキー」はいかがですか？

女 No!
嫌よ！（カバンで男をたたく）

男 I only offered you a little 'Little'.
少しぐらい、いいじゃないですか。

【中略】

男 You'll never know how good it is until you try it.
試してみなければ、この美味しさは分からないですよ。

というCMであるが、最後の言葉はセックスに引っかけた言葉であるとリンクさんは言っている。言われるまで、もう一つの意味には気づかなかった。

新しい言葉との出会い

広告を見ていると新しい言葉によく出会う。例えば、最近日本で使われる"できちゃった結婚"という言葉があるが、英語ではどのように表現するのか和英辞典を引いても出ていない。
これはHarley-Davidsonの広告 "Why farmers with daughters own shotguns." 「娘のいる農場主がショットガンを持っている理由」を見てはじめて分かった。
広告は新しい言葉との出会いにも役立つのだ（本書「比喩の上手なコピーの広告」23ページ参照）。

比喩の面白さ

「ところ変われば品変わる」というが、私に言わせれば「ところ変われば比喩が変わる」である。この比喩を探し当てるのが一苦労でもあり、楽しみでもある。
アメリカ・ホンダのハッチバックの広告にこんなものがあった。
It's like those snakes that swallow cows.
直訳すると「まるで牛を飲みこんだ蛇のようだ」となるが、どういう意味なのだろう。いくらなんでも蛇は牛を飲みこめない。確かに蛇は自分の身体より大きな蛙などを平気で飲みこんでしまう。これはExaggeration（誇張法）といって、広告でよく使われる手法の一つである。きっと外見より中が広いと言いたいのだ、というところにたどり着く。そこでもう一度ハッチバックを見なおすと、確かに角張っておらず"牛を飲みこんだ"ような流線型であった。

謎解きの気持ちで…
広い知識を要求される広告

1997年にMercedes-BenzのSLKがカンヌ国際広告祭でグランプリを受賞してから、コピーのない広告が多くなってきた。コピーがないからどういう意味だか分からない。まず自分で考える。それでも分からないから人に聞く。やっと分かる。やっと分かったのだから人に話す…。このように、謎解きによって広告の効果はまた上がるのだ。これらの広告は「考えさせる広告」の章にあるので、我と思わん人は謎解きに挑戦してみてほしい。
私の経験談を一つお話ししよう。イギリスにWaterstone'sという書店チェーンがあり、本がいかに人間にとって重要であるか訴求する企業広告を制作した。これがまた素晴らしい作品で、本のタイトルをキャッチフレーズに、本の表紙に絵や写真を使って、本の形をした広告を作っている。そして、その中の一冊の縁が焦げていた（「説得力のある出版物の広告」を参照）。
私は年代を象徴するために本を焦がしたのだと思い込んでいたら、あるとき誰かにヒットラーは本を燃やした、と聞いて図書館で調べたら次のように書かれていた。「1933年5月10日夜、ヒットラー首相誕生後4ヵ月半、数万の

学生がベルリン大学の真向かいにあるウインター・デン・リンデン広場に集まった。そしてわれわれの将来に破壊的作用を及ぼし、ドイツの思想、ドイツの家庭、国民の推進力の根源を侵す書物はすべて焚き捨てられたのである。午後7時45分から焚書の儀式が始まり、全儀式はバイエル放送と3つの地方局で中継放送された。ベートーヴェンの"エグモント序曲"から始まり、ドイツ国歌"ホルスト・ヴェッセルの歌"、最後にベートーヴェンの"自然の神々の栄光"が演奏された」。

見落としそうな焦げあとであったが、このような歴史的イベントが背後にあろうとは、全く知らなかった。この広告でヒットラーの焚書ということを初めて知ったのである。世界中の優秀なアドマンが、衆知を集めて制作した広告なので、ちょっとした絵、ちょっとした言葉でも見逃せないのである。

パロディー広告という難問

パロディー広告は広告ではよく使われる手法だ。パロディーにするくらいだから、すでに世の中で知られているテーマが多いはずなのだが、私の不得意のジャンルだと、全く分からないことがある。

特に映画のパロディーは、私が見ていない作品だと元ネタを探し当てるまで時間がかかる。

一番多いのは聖書のパロディーで、近所の教会の牧師に飛び込みで教わりに行ったり、クリスチャンの友人に問い合わせたりする。難問がやっと解けたときは、嬉しさがこみあげてくる。

まとめ

ここに掲載された作品は、各種の広告年鑑や広告雑誌を見て、その中から日本人に分かりやすい優れた作品を選んだものである。特に若い方々には本書で英語に興味を持っていただき、また熟年の方々には、海外の友人などとのジョークを交えたコミュニケーションでお役に立ててもらえれば幸いである。

はじめに
2

Chapter 1
広告はパロディーがお好き
9

1	報道写真のパロディー	Diesel/Sweden
2	映画のパロディー	Wallis/UK
3	聖書のパロディー	NIKE/UK
4	聖書のパロディー	Honda Accord/USA
5	レコードジャケットのパロディー	Volkswagen/Norway
6	童話のパロディー	Peugeot/Paris
7	靴のプレゼント物語	PUMA/USA
8	偉大な人のパロディー	HOFBRÄU/South Africa

Chapter 2
比喩の上手なコピーの広告
19

9	ロールスロイスの音	Rolls-Royce/USA
10	最初が最後にならぬよう…	Drennen Cadillac/USA
11	デーブ兄さんは何処へ	Harley-Davidson/USA
12	できちゃった結婚からの逃れ方	Harley-Davidson/USA
13	夜空の星のように	Jeep/USA
14	オイルキングのデモンストレーション	Audi/Spain
15	BMWを楽器で表現すれば…	BMW/Belgium
16	くやし涙にクリネックス	Kleenex/Brazil
17	日産ヨーロッパキャンペーン	NISSAN/UK

Chapter 3
美しいエアラインの広告
35

18	カンガルーの国へ	Qantas Airline/France
19	ユナイテッドの座席の間隔	United/USA
20	英国航空で安眠できます	British Airways/Singapore
21	イタリアのおもてなし、アリタリア	Alitalia/Spain
22	ハチドリをキャラクターに	Caribbean Airlines/UK

Chapter 4
**セックスと肥満を
テーマにした広告**
43

23	玉突きレストラン	Lucky's Restaurant/USA
24	クルマは男か女か	Mercedes-Benz/Germany
25	乱れた手紙	GM Pharmaceuticals/South Africa
26	葉巻のたとえ	The Cigar Bar at Arthur's/USA
27	着るため見せるため	Tabu Lingerie/USA
28	死んでも君を離さない	AXE/Puerto Rico
29	スペアタイヤだなんて	YMCA/USA
30	未来の姿	futureshape/UK
31	削除できます	Internet Zip.net/Brazil
32	100%本物のイタリア製	Fratelli Bakery/Canada
33	ドアが開くと	Planet Fitness/Singapore

Chapter 5
説得力のある出版物の広告
55

34	ウォーターストーンズの5冊	Waterstone's Book Sellers/UK
35	クラーク社の2冊	The Clarke Quay/Singapore
36	文豪の作品はまず原作を読んでから	National Library/Czech Republic
37	ショッキングな写真・『タイム』誌	Time/USA
38	『エコノミスト』誌の権威	The Economist/UK
39	いつも両面を見ている	Veja Magazine/Brazil
40	『キャピタル』誌の読者層	Capital/Germany
41	女が男になるとき	L'HOMME/France
42	『フィナンシャル・タイムズ』紙の急ぎ足	The Financial Times/UK
43	社長の読む新聞	Frankfurter Allgemeine/Germany
44	ラジカルな立場から	L'HUMANITÉ/Paris
45	『タイムズ』紙の紙上討論会	THE TIMES/UK
46	『ゾンタークス・ツァイトゥング』紙の針	The SonntagsZeitung/Switzerland
47	『ガーディアン』紙のポリシー	The Guardian/UK

Chapter 6
広告の言葉あそび
73

48	電話帳のあそび	NYNEX Yellow Pages/USA
49	地名の言葉あそび	Air Canada/Canada
50	ITさがし	ICL/Sweden
51	愛のための心得	Minnesota AIDS Project/USA
52	泥棒の教え	Metropolitan Police/UK
53	電飾文字の怪	Novena Lighting/Singapore
54	麻薬の恐ろしさを子供たちに	Anti-Drug Campaign/Singapore
55	刑務所直営店	The Prison Store/USA
56	あまりに心地よいので…	Virgin Atlantic/South Africa
57	煙突掃除屋さんの知恵	St. Peters Chimney Sweep/USA
58	新聞社の新聞広告	Tallahassee Democrat/USA

Chapter 7
考えさせる広告
(コピーのない広告)
89

59	ありんこ	Fritz Hansen/Denmark
60	蚊が支える腕時計	Swatch/Chile
61	見とれて急ブレーキ	Mercedes-Benz SLK/UK
62	なんで鎖が?	JAGUAR XJ8/Canada
63	え、毒グモ?	Gapa Aids Awareness/Brazil
64	赤んべえ	Parmalat/Brazil
65	シンプル・イズ・ベスト	Chrysler Jeep/USA
66	黄色のラベル	Cutty Sark/Spain
67	一筆書きのヒルトン・ホテル	Hilton Hotels/NY
68	最小型の芝刈機	Weru Soundproof Windows/Germany
69	カキの中のクルマ	Mercedes-Benz SL/France
70	BMWで行く想像の世界	BMW/Paris
71	イタリアの酒、フランスの粋	MARTINI/Paris

Chapter 8
催し物の広告
105

72	世界一の動物園はすぐそこに	San Diego Zoo/USA
73	これより上を見たい人は…	The Boston Museum of Science/USA
74	水曜日の夜、お暇でしたら…	San Francisco Fine Arts Museum/USA
75	手触りで楽しめる子供動物園	San Francisco Zoo/USA
76	バレエへのお誘い	Cisne Negro Dance Company/Brazil
77	愛と死の物語	Ahmanson Theatre/USA
78	タイプの顔	The Type Museum/UK
79	"ドン・キホーテの精神を見つけよう"	Castilla-La Mancha/Spain
80	ポップアートなデパートの広告	Harvey Nichols/UK

Chapter 9
奇抜な屋外広告
117

81	すごい吸引力	AEG/The Netherlands
82	不可能はない	Adidas/Japan
83	ワクワクさせる動物園	San Francisco Zoo/USA
84	帽子屋さんの広告、街頭に進出！	Fiona Bennett/Germany
85	警告	Playland/Canada
86	ハゲタカの狙いは？	American Lung Association/USA
87	パリ市民の糞害	City of Paris/France
88	あなたの休暇は、NZで滝下りを！	Air New Zealand/USA

Chapter 10
ビジュアル・ユーモア、
ビジュアル・ショックの広告
127

89	そっくりさんを見に行こう	Oregon Zoo/USA
90	美しい走り	NIKE/Paris
91	切れ味のよさを料理で	Zwilling/Copenhagen
92	爽やかなダイエットおやつ	Urban Fresh/UK
93	え、足が6本？	BOCAGE/Paris
94	え、衣装？	Francesco Biasia/Milan
95	痛い国境線	Medecins Sans Frontieres/Spain
96	妊婦がタバコを吸うと	NHS Sunderland/UK
97	おぎゃー！	SONY/France

あとがき
142

Chapter 1
広告はパロディーがお好き

パロディーと聞いただけでワクワクする人が多いに違いない。パロディーとは"既成の著名な作品を一見して分かるように残したまま、まったく違った内容を表現して、風刺やユーモアを感じるように作り変えたもの"と辞典にある。絵画にも、TVにも、雑誌にも、映画にも、よく使われるエンターテインメントの手法だ。これを広告が利用しないわけはない。下手にやるとただのまねごとになって、逆にヒンシュクを買ったりするが、ここでは、さすがに面白いと唸るような事例をいくつか選んで紹介しよう。

1
報道写真のパロディー
Diesel/Sweden

見た瞬間に"おや、どこかで見たような"と思わせること。それがパロディー広告の重要なポイントだ。右下にあるのが元の写真。そう、有名な"ヤルタ会談"だ。1945年2月4日、クリミヤ半島のヤルタに集まって、第二次世界大戦の戦後処理などを話し合ったチャーチル、ルーズベルト、スターリンの面々であるが、広告の中ではなんと会談そっちのけで美女たちにかまけている。この歴史的会談に魅力的な女性3人を合成させて、"Birth of the Modern Conference, Yalta, 1945（近代会議の誕生、ヤルタ、1945年）"という題がつけられたこの広告は、イタリアのジーンズメーカーであるディーゼルのポスターを、スウェーデンの広告代理店が制作したものである。コピーライターのネルソン氏は、こう話してくれた。「このポスターは1997年3月から11月まで、ディーゼルのブランド・イメージアップと世間を驚かすために世界中で使用しました。反響は非常に良好で、多くの人々がこのポスターを欲しがりましたし、世界中で多くの賞を受賞しました。このポスターは誰にでも分かりやすい表現になっており、ディーゼルのポスターの中でも優れた広告の一つだと私は思います」。

Diesel "Birth of the Modern Conference"/Sweden
Copywriter: Jacob Nelson
Art Director: Joakim Jonason
Photographer: Peter Gehrke
Agency: Paradiset DDB/Stockholm
1997年カンヌ国際広告祭銀賞

2
映画のパロディー
Wallis/UK

ブライアン・デ・パルマ監督の1980年公開のアメリカ映画 "Dressed to Kill（殺しのドレス）" のパロディーで、その名も "Dress To Kill" と題したアパレル会社のポスター。映画では冒頭でブロンドの女性が殺されるが、こちらは殺されそうになるのは男性ばかり。いわゆる "悩殺" で、あわや、という一瞬をとらえている。悩殺するだけあって、服もいいし魅力的なモデルだ。芝刈機で殺されそうになる男が読んでいる本は "Pulp Fiction" で、クエンティン・タランティーノ監督によって映画化され、カンヌの映画祭でグランプリを受賞している。

アメリカのB級犯罪小説であるパルプマガジン的なストーリーをコンセプトに、殺し屋たちの話が3つの物語で交錯するように語られ、コメディあり、ヴァイオレンスありのドラマだ。沢山の人たちがバッタバッタ殺される本を、自分が "あわや殺される" とはツユ知らず、読みふけっているところがおかしい。映画のワンシーンのように、セピア調の色になっていて、懐かしい面白さがあるが、写真、構成、シチュエーション、デジタル合成などなかなか優れたものがあり、細かいところまで気を遣っている。オリジナルの映画とは違うが、こちらも映画のワンシーンのように楽しくできている。

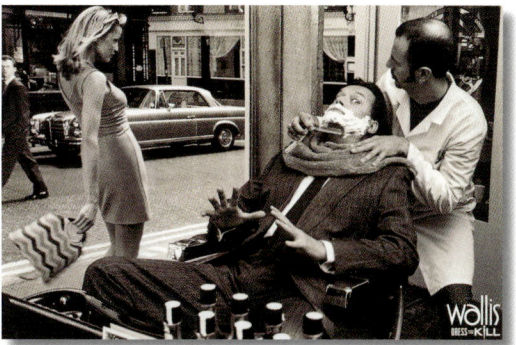

Wallis "Crash, Mower, Barber, Metro"/UK
Creative Director: Bruce Crouch, Graham Watson
Art Director & Copywriter: Steve Hudson/Victoria Fallon
Photographer: Bob Carlos-Clarke
Agency: Bartle Bogle Hegarty/London
1998年カンヌ国際広告祭金賞

3
聖書のパロディー
NIKE/UK

中世の教会の壁画にあるような、美しいイラストを使ったナイキの広告。タイトルの "God Moves in Mysterious Ways" とは、キリスト教の教えの中にある "見えざる神の御業（みわざ）" に近い表現で、"人知では計り知れない方法で、神様は動いておられる" という意味。
"You'll never walk alone." は、旧約聖書の創世記にある「ヤコブの夢」の中に書かれている。ヤコブがハランに向かう途中、日が沈んだので、その場所にあった石を一つ取って枕にして横たわった。すると夢の中で、主が傍らに立って "余は汝の祖父アブラハムの神、イサクの神、主である。汝がいま、横たわっているこの土地を、汝と汝の子孫に与える。(中略) 汝がどこへ行っても、余は汝を守り、必ずこの土地に連れて帰る。余は汝の約束を果たすまで、決して見捨てない" と言った。つまり、あなたはひとりで歩いているのではなく、いつも神がついています、という意味である。

宗教が生活の一部になっている西欧では、このような表現が人々の心に届くのである。

NIKE "God Moves in Mysterious Ways"/UK
Creative Director: Tony Malcolm/Guy Moore
Copywriter: Tony Malcolm/Mick Mahoney
Art Director: Guy Moore/Andy Amadeo
Photographer: David Hiscock
Agency: TBWA Simons Palmer/London
1998年カンヌ国際広告祭金賞

4
聖書のパロディー
Honda Accord/USA

旧約聖書の創世記にある「ノアの方舟」は、誰でも一度は聞いたことのある有名な話。このパロディーがホンダ・アコードのリニューアルの広告だ。写真は現在のノアの方舟であるアコードと、洪水の水が引いてかかった虹と、ひとつがいずつの動物たちが、美しくきれいにデジタル合成されており、目立つビジュアルだ。1998年型アコード・セダンは、ルームスペースを以前より広げ、エンジンもパワーアップし、飛躍したアコードになった。だからこそ、"あなたとあなたのご家族がお乗りください"と訴求しているのだ。
ノアの方舟を題材にした広告は昔からあるが、これだけ沢山の動物を配して新鮮さを感じさせている作品は少ないのではないだろうか。

© Photographer: Paul Wakefield

Honda "More Spacious Accord"/USA
Creative Director: Larry Postaer
Copywriter: Laura Juell
Art Director: Ed Schumacher
Photographer: Paul Wakefield
Agency: Rubin Postaer & Associates/Santa Monica

5 レコードジャケットのパロディー
Volkswagen/Norway

いつか、どこかで見たことがある、この写真。あっ、あのレコードジャケットの写真とそっくりだ！と気づく人は少なくないと思う。そう、ビートルズ（The Beatles）のアルバム "Abbey Road" のジャケットである。それはジョン、リンゴ、ポール、ジョージの4人のメンバーが道路を横断している図であった。そしてこの写真では、その代わりに4台のビートル（Beetles）が渡っている。ビートルズとビートル。なるほど、そういうことだったのか。分かりやすいパロディーである。

名前だけではない。ロックバンドのビートルズは英国生まれ、世界中に熱狂的なファンを作った。一方、クルマのビートルはドイツに生まれ、これも世界中で愛用されている。そういう共通点をもとらえたパロディーなのだ。

必ずしも広告を見たすべての人にパロディーであることが通じるとは限らないが、気づいた人は満足感にひたれる。

"Abbey Road" はビートルズの作品の中でも最も売上げの良かったアルバムといわれている。再び発売されたクルマのほうも、それにあやかりたい、という制作者の意図があるのかもしれない。なお、この広告が作られたのはドイツでもなく、英国でもなく、ノルウェーである。これもまた、ビートルズもフォルクスワーゲンのビートルも、インターナショナルな存在であることの証であろう。

Volkswagen The Beetles "Abbey Road"/Norway
Art Director: Kenneth Hansen
Photographer: Knut Bry
Copywriter: Frode Kariberg
Agency: Bates Norway
1999年ニューヨークフェスティバル金賞

6
童話のパロディー
Peugeot/Paris

夜の、深い森の中。遠くの木々の間に丸い月が見えている。月明かりの下には、夜の散歩に出てきた村人たちが、空を見上げて楽しんでいる。実にメルヘンチックだ。だが、よーく見てみると、ここはクルマの室内。月はフロントのウインドウから見える空であり、手前の大きな樹木か住居のように見えるのは座席のシルエットである。
そして、もう一つ。子供のひとりが地面に石ころを落としながら歩いていることに気づいただろうか。これはグリム童話"ヘンゼルとグレーテル"の一場面を模したものだ。
両親はヘンゼルとグレーテルを森の中へ連れて行って捨ててこようとする。感づいた兄ヘンゼルは、夜中に外に出てポケットいっぱいの白い小石を拾い、翌日森への道すがら小石を一つずつ落としてゆき広い森で迷わないようにし、それを頼りにふたりは無事に家に帰ってくる。この話に基づいたパロディーになっていて、小石を目じるしにしなければ帰れないほど室内は広いのです、と暗示させている。
クルマの室内の広さを伝えるために、童話を使った広告はめずらしい。プジョー307 SWの室内は単にスペースが広いだけでなく、楽しさや快適さにすぐれているので、お子様のいるご家族を対象に、ゆったり乗れますよ、という広告である。

Peugeot 307 SW/Paris
Creative Director: Remi Babinet
Art Director: Eric Astorgue
Copywriter: Luc Rouzier
Illustrator: Gerard TrigNac
Agency: BETC EURO RSCG, Paris

7
靴のプレゼント物語
PUMA/USA

うさぎと亀。狼とヤギ。象とねずみ。この3組の絵を見ただけですぐ気づく人も多いにちがいない。子供の時から読んだり聞かされたりした有名な童話3題である。ただ、どの絵にもスニーカーが参加している。こんなもの、童話の中には登場しなかったはず。そう、これらはプーマが、ライバルにスニーカーを贈るという別な話に作り変えて、広告に仕立てたものだ。この機会にもう一度ストーリーをひもときながら、広告の面白さを味わってみよう。

うさぎと亀の物語
足の速いうさぎと、足の遅い亀とが競争をした。当然うさぎの勝ちだと思っていたら…。うさぎは途中で昼寝をしたために、少しも休まず黙々と歩き続けた亀が勝ってしまったという話だ。人をみくびったり、油断をしてはいけないという教訓である。さて広告では、亀がうさぎにスニーカーを贈っている。"こんどは、この靴をはいて走ってね"とでも言っているのだろうか。

狼とヤギの物語
七匹の子ヤギに、母ヤギはこう言い置いて出かけた。狼は足が黒く、声がしゃがれていてすぐ分かるから、ぜったいに家に入れないでね。それと知らぬ狼は、しゃがれ声を出して見破られ、黒い足が見えて気づかれてしまう。そこで足に粉をはたいて白く見せ、いちどは成功するのだが…、という話。広告では狼がヤギにスニーカーを贈っている。どんな言葉を添えたのだろう。

象とねずみの物語
世の中には自分ほど偉く大きなものはないと信じていたねずみに、お婆さんねずみが"象が知ったらえらいことになるよ"と忠告した。そこで森へ象を探しに行き、その巨大さに驚きながら"俺様を脅かすのはお前か"と虚勢を張った。象は鼻に水を吸い込み、吹きかけたところ、ねずみはひとたまりもなく吹き飛ばされて溺れそうになった。それ以後威張らなくなった小さなねずみに、象はスニーカーを贈っている。"大きくなりたければ、この靴をはきなさい"とひやかしているかのようだ。

以上、プーマを贈って仲良くなろう、という物語である。

PUMA "Holiday Gift"/USA
Executive Producer: Tony Bertone
Producer: Adam Petrick
Photographer: Andrew Zuckerman
Art Director: Andrew Zuckerman
Retoucher: Justin Cohen
Writing: Gregory Bonner Hale
Design: Gregory Bonner Hale

8
偉大な人のパロディー
HOFBRÄU/South Africa

ドイツ生まれの"ホフブロイ"というビールの広告。1589年にビールの都ミュンヘンで誕生し、かの有名なホフブロイハウスで提供されたので、"偉大な人々に親しまれた偉大なビール"をキャッチフレーズにした。そしてイラストレーションによる人物も、誰でも知っている"偉大な人"を起用している。

Beethoven's Fifth
ベートーヴェンがピアノに向かっていて、片手にビールのジョッキを持っている。タイトルに"ベートーヴェンの第5"とあるから、交響曲第5番にひっかけて、"ベートーヴェン5杯目のビール"というシャレなのだろう。

Einstein's Theory of Relativity
アインシュタインといえば、相対性理論である。その理論は難しくて分からないが、画面にある2つのジョッキが鍵のようだ。半分しか入っていない大きいジョッキと、いっぱいに満たされている小さなジョッキ。この2つが同じ高さで浮いているのだ。これが相対性理論ということなのだろうか？

Freud's First Slip
フロイトはオーストリアの精神医学者。何か言い間違いをしたとき、ご免なさいと謝るが、その裏にはその言葉を言ったそれなりの意味があるという。それをFreudian Slip（フロイト的失言）というそうだ。
ジョッキからビールをこぼしてしまったのも何か他の理由があったのであろう。フロイトの最初のしくじり。

HOFBRÄU/South Africa
Creative Director: Graham Warsop
Copywriter: Lawrence Seftel
Art Director: Wayne Antill
Illustrator: Anita Kunz
Agency: The Jupiter Drawing Room/Sandton
1998年ニューヨークフェスティバル入選作

Chapter 2
比喩の上手なコピーの広告

広告はキャッチコピーで人を惹きつけ、ボディコピー（本文）で商品を理解させる。それゆえ、言葉は重要な武器なのだ。ここに集めた広告は、特にコピー作りに精魂を込めたものばかりだ。
比喩あり、逆説あり、教訓調あり、物語風ありと、いろんなレトリックが駆使されているから、読んでいても面白い。コピーを読むと、絵柄も面白くなってくる。
どうして、こんなに言い回しがうまいのだろう。

9
ロールスロイスの音
Rolls-Royce/USA

At 60 miles an hour the loudest noise in this new Rolls-Royce comes from the electric clock.
時速60マイルで走っているとき、ロールスロイスの車の中で聞こえる最大の騒音は電気時計の音である。これを読んだだけで、ロールスロイスの走行中はいかに静かであるかが肌で感じられる名コピーである。実はこのコピーは、1933年の"新型ピアス・アローで聞こえる唯一の音は電気時計です"を手本にしたと言われている。広告代理店オグルヴィ・アンド・メイザーの社長オグルヴィは、イギリスの自動車雑誌の記事を調べ、この24年前の広告を探し出したのだ。"素晴らしいヘッドラインだ"と彼は考え、このヘッドラインの下にロールスロイスならではの特長を、統計資料で証明し、長文のリーズン・ホワイ形式のコピーを書く。この広告はオグルヴィが制作した有名な作品の一つと言われている。

翌年ロールスロイスの売り上げは50%伸びたが広告予算は増えず、4年間で2万6000ドルの累積赤字を出し、オグルヴィはロールスロイスのアカウントをあきらめざるを得なかった、と言われている。これは1957年の作品と思われる（参照：ステファン・フォックス著『ミラーメーカーズ「改革の時代」』）。

10
最初が最後にならぬよう…
Drennen Cadillac/USA

びっしりと降り積もった落ち葉の上に、漆黒の巨大なキャデラック。その後ろには墓標のようなものがあり、黒装束の男二人が何やら話をしている。
そう、ここは墓地なのである。そして黒塗りのキャデラックは霊柩車というわけだ。
日本でもそうだが（というか、そもそも日本が倣ったのだろうが）、霊柩車のベースにはたいてい高級車が選ばれる。人生の最後はシック、かつ贅沢に、ということだろうか。
しかし、何故ゆえに広告に葬送の場面が登場するのか。その答えは1行だけ添えてあるコピーにある。
Your first ride in a Cadillac shouldn't be your last.
最初にキャデラックに乗る機会が人生の最期、なんてことにならないように。
つまり、生きているうちにキャデラックに乗ってくれ、楽しんでくれ、というわけである。そのためには、相応の稼ぎがなければいけないのだが。
なんとも皮肉の効いた、しかしセンスが光る広告である。

Drennen Cadillac/USA
Art Director: Harris Milligan
Copywriter: Rich Halten
Photographer: Tim Olive
Agency: Luckie & Forney
1977年ニューヨークADC入賞

11
デーブ兄さんは何処へ
Harley-Davidson/USA

荒涼とした大地に、どこまでも続く真っ直ぐな道。荒野の彼方に向けて、ハーレーダビッドソンにまたがった男が走り去っていく。なんだかドラマを感じさせる写真だ。
My older brother has a Harley. Mom told me his name is Dave.
兄はハーレーに乗っていて、名前はデーブと母が教えてくれた。
謎めいたことを言っている。一体どういうことなのだろう。思わず気になってボディコピーを読むと、こう書いてある。ハンドルを握った手に、ハーレーダビッドソンが雷鳴をとどろかせているのを感じながら、砂ぼこりの吹く荒野に出ると、一体どこまで走っていくのか、自分でも分からなくなる。ただ一つ確信を持って言えるのは、道は果てしないということだ。
そうか、そうだったのか。デーブ兄さんがこの道をハーレーに乗って行ったのはずいぶん前で、弟はその顔も知らないほどなのだ。一度走り出したら最後、二度と降りたくなくなってしまうオートバイ、ということなのだろうか。それにしても今ごろ、デーブ兄さんは、どこで何をしているのだろうか…、などと思わず余計な想像を巡らせてしまう。こうして広告は、商品に夢を付加するのだ。

Harley-Davidson "Brother Dave"/USA
Creative Director: Kerry Casey/Jim Nelson
Copywriter: Jim Nelson
Art Director: Paul Asao
Photographer: olafVELTMAN
Agency: Carmichael Lynch/Minneapolis
1999年カンヌ国際広告祭銅賞

12
できちゃった結婚からの逃れ方
Harley-Davidson/USA

Why farmers with daughters own shotguns.
娘のいる農場主がショットガンを持っている理由。
恐ろしい予感がするが、どういうことなのだろうか？ アメリカ人の友達によると、とにかく国が広いので田舎へ行くとモーテルなどの宿泊設備もないところがあるという。そういう場所へセールスマンが行くと、農家に泊めてもらうこともある。そこに年頃の娘さんがいると、時には恋が芽生え、生命を宿すことがある。
すると親父がショットガンを持ってきて、娘との結婚を男にせまるということなのだ。
辞書を引くと "shotgun marriage＝妊娠させたため、しかたなく結婚する" とある。こうやって新しい言葉との出会いがある。
ボディコピーを読み進むと、しっかりとオチがついている。
いざというときに、さっさと逃げ失せるためのパワーは十分。
思わずニヤリとしてしまう話の中に、マッチョなハーレーのキャラクターと性能をさりげなくアピールしたイキな広告である。

Harley-Davidson "Shotguns"/USA
Creative Director: Jim Nelson
Art Director: Paul Asao
Copywriter: Jim Nelson
Photographer: Chris Wimpey
Agency: Carmichael Lynch/Minneapolis
2001年カンヌ国際広告祭銅賞

13
夜空の星のように
Jeep/USA

真っ黒な夜空に、星が輝いている。空気の澄んだ山岳地帯で見る星は大きく、天の川まで手に取るように見える。夜空は美しい。
私は美しい星を見ると、子供のころ読んだサン゠テグジュペリの『星の王子さま』を思い出す。
第一の星には、王子様が住んでいました。
二番目の星には、うぬぼれ男が住んでいました。

（中略）
七番目の星は、地球でした。
そう、この星たちは七番目の星から見た仲間の星たちなのだ。おなじみの北斗七星（Big Dipper）も右下のほうにあるが、その右上に"Jeep"という2つの星が線でつながれている。こんな星座があるわけがない。ジープの広告である。2つの星はそのヘッドライトということ。シャレなのだ。遠い夜空に他の星といっしょに輝いているクルマ。4WDだからできる童話のような、ロマンチックな広告である。

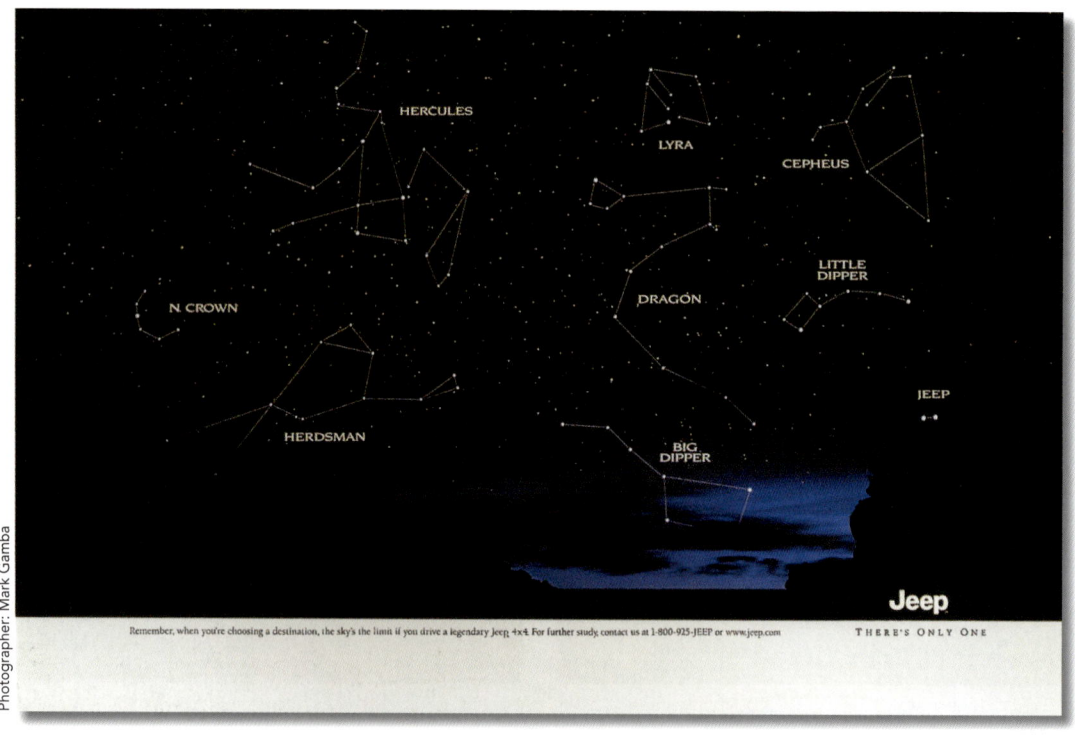

Jeep "Constellation"/USA
Art Director: Ann Simoncini
Copywriter: Maureen Donnellon
Photographer: Mark Gamba
Agency: Bozell Worldwide/Michigan
Photographer: Mark Gamba

14
オイルキングのデモンストレーション
Audi/Spain

金ぴかの腕時計やネックレス、指輪をした中近東のおじさまたちが、油田のやぐらをバックにコワーイ顔で睨みつけている。なにかと思えば、1回の給油で1200キロも走ってしまうアウディA6 TDI（ターボ・ディーゼル）のせいで、石油が思うように売れないと抗議しているのだ。
それでなくとも最近はとうもろこしから燃料を作ったり、クリーンエネルギーとやらで我々をおびやかしているのに…というのである。ひと昔前の広告ではあるが、今では懐かしく、もう一度こうなることを願っている人もいるのではないだろうか。しかし、ユーモア溢れる広告だ。

Audi A6 TDI/Spain
Creative Director: J.L. Rois
Art Director: Denillario
Copywriter: Alberto Astorga
Photographer: Ricardo Miras
Agency: Tandem Company Guasch DDB S.P/Barcelona
1997年ニューヨークフェスティバル入選

15
BMWを楽器で表現すれば…
BMW/Belgium

クルマの広告であるにもかかわらず、クルマの影一つ見えない。楽器の部分的なクローズアップ写真と短めのコピーがあるだけで、BMWの広告になっているのだから素晴らしい。こんな比喩もあるのかと思って、じっくり見てみよう。そして考えてみよう。以下は英訳版である。

The more detours the better.
"急がばまわれ"という格言にも似ているが、クルマの広告としてどういう意味だろう。絵のラッパを見ると、都会のハイウェイのように、いくつもの支線に分かれている。遠回りするほどいい、走れば走るほどBMWの良さが分かる、と言っているのか。

The journey is more important than the destination.
旅は目的地よりも重要である、という。これも格言調である。絵は、楽器のシンバルを何枚も並べ、ちょうど山がいくつも重なった風景になっている。つまり、目的地へ急ぐより、ゆっくり風景でも楽しみながら走りなさい。そういう旅にBMWはふさわしいのだ、と言いたいのだろう。

A brilliant instrument always improves your performance.
いい楽器のあるところにいい演奏がある、とでも訳しておこう。"instrument"

BMW "Music Instrument"/Belgium
Art Director: Yvan Vandenbroeck
Copywriter: Marco van der Steenhoven
Photographer: Xaavier Harca
Agency: G & Co./Brussels

は一般的には"道具"という意味でもあるから、この格言はクルマに当てはめやすい。BMWを運転していると、運転自体も良くなってくる、と言っているのだ。

A detail is never just a detail.
細部はただの細部ではない。これはよく聞く格言だ。どんな大きなものでも部分から成り立っているから、細部を些細なことと思うな、という教えである。

BMWもきっと精密な部品から造られているのだと思わせるコピーである。

Technology is useless unless
it makes you happier.
テクノロジーは人を幸せにしなければ無益である。これは説明の必要のない格言。
美しい写真を見ているだけで、メッセージが伝わってくる。ベルギーの作品。

16
くやし涙にクリネックス
Kleenex/Brazil

くやし涙を流した著名人。その涙はクリネックスが拭いてくれる、というユーモラスな広告だ。多くの人たちが知っている有名人の悲しい物語だから、ついつい読んでしまう。そこがうまい。キャッチフレーズ＝ボディコピーの手法で、計算されたタイポグラフィになっていて、ユニークな表現である。文字と写真、ロゴのバランスと使い方にアイディアがあり、視覚的にも楽しませている。また紙面の余白に清潔感があり、クリネックスの商品イメージに結び付けているのであろう。

John Styth Pemberton, the inventor of Coca-Cola, sold the right to his formula in 1891 for only 2,300 dollars.

コカコーラの発明者の John Styth Pemberton は、1891年その製法をたった2300ドルで売ってしまった。
（もしヒットしてから売れば、億万長者に…涙…残念無念）

John Morell, the editor of an American newspaper, fired Walt Disney at the start of his career because he thought he didn't have good ideas.
アメリカの新聞の編集発行人 John Morellは、キャリアのスタート当初のWalt Disneyを大した発想をしない男と判断して、クビにした。
（もしクビにしなければ子供の読者が増え、発行部数がうなぎのぼりになったのでは…惜しい！ 涙、涙…）

Stuart Sutcliffe was the Beatles' bass player. A few months before the band hit the top of the charts he left the group to try a career as an abstract painter.
Stuart Sutcliffeは、ビートルズのベース奏者であった。ヒットチャートのトップ入りする数ヵ月前に彼は脱退し、抽象画家の道を選んだ。
（数ヵ月待てば億万長者になれたのに…クシュン！ 涙、涙）

Kleenex Tissue/Brazil
Creative Director: Atila Francucci, Alexandre Soares, Joao Linneu
Copywriter: Joao Caetano Brasil
Art Director: Keka Morelle
Photographer: Andre Faccioli
Agency: JWT São Paulo
2005年カンヌ国際広告祭金賞

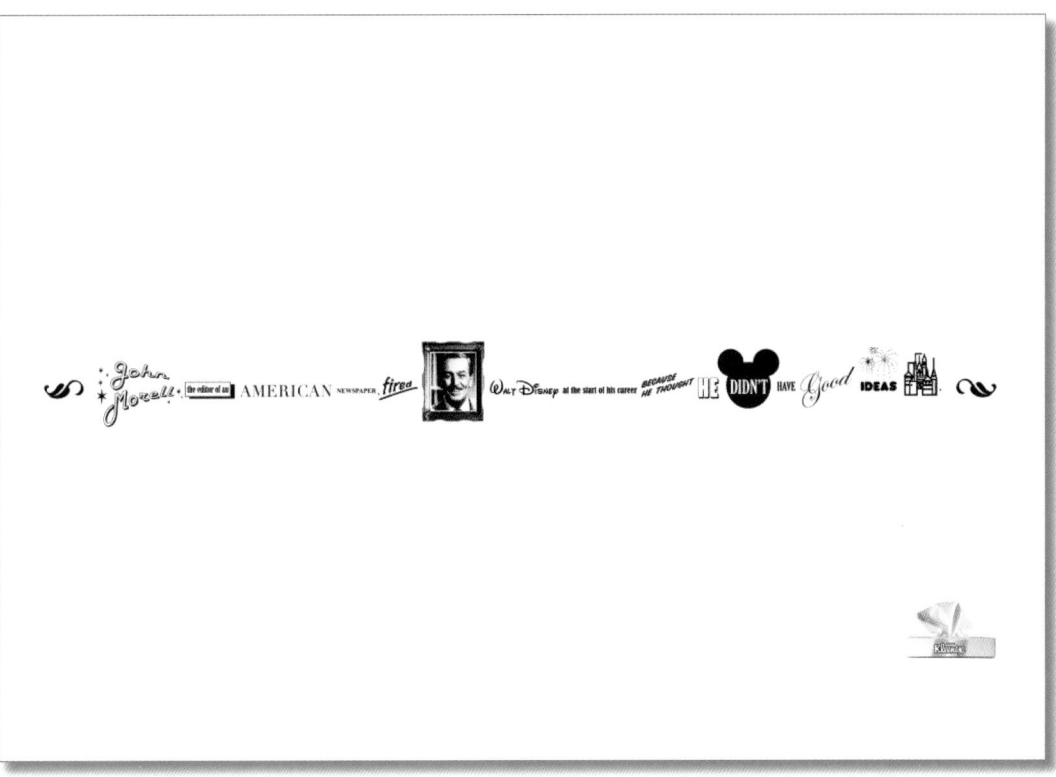

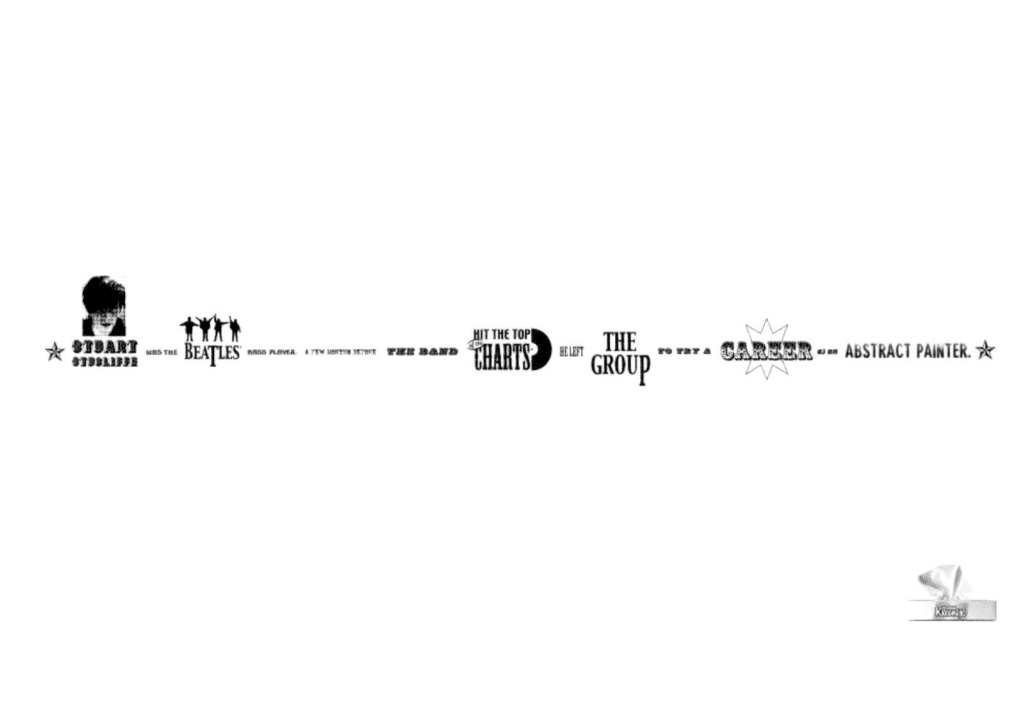

17
日産ヨーロッパキャンペーン
NISSAN/UK

カルロス・ゴーン最高執行責任者が1999年7月に就任して、日産自動車は会社自体が大きく変わった。事業の発展、市場のプレゼンスを高めるだけでなく、社員の気持ちを把握し、今日のアグレッシブな会社へと変身したのは周知のことだが、広告も大きく様変わりしたのだ。

ここで紹介する、日産自動車の1999-2000年にかけてロンドンで制作されたヨーロッパ向けのプリメーラ、アルメーラ（日本名：パルサー）のキャンペーンは、従来の広告の殻に閉じこもらず、デザインはアートの方向へ大きく領域を広げ、美しく、かつダイナミックである。

また、コピーも大変レトリカルで、かつ卒直に他社と比較しながら商品特性を述べている。

そして、いたるところに比喩を用い、クルマの利点を賞賛している。

GUESS WHICH IRONICALLY NAMED CAR YOU CAN'T FIT A SET OF GOLF CLUBS INTO.
ゴルフクラブが収納できない、皮肉な名前のついたクルマはどれでしょう？（注：フォルクスワーゲンのGolfを皮肉っている）

Boot space. Unfortunately that's one in the bunker for a certain German hatchback. Divots. No need to fold down any seats or remove the parcel shelf in a new Almera though. It's got a whole 355 litres of luggage space. Enough to comfortably accommodate objects as big or awkward as a set of golf clubs. So, however much you struggle on the fairways, at least you'll have an easy time in the club car park. The new Almera. Good news for drivers everywhere (and woods, irons and putters).

トランク。残念ながら、それはあるドイツ製のハッチバックでは駄目だ。面倒だ。新しいアルメーラなら、もう座席をたたんだり、荷物棚を動かしたりする必要はありません。355リットルもある収納スペースで、ゴルフクラブのセットのように大きく、納まりにくいものも楽に収納できます。フェアウェーで手こずることがあっても、少なくともカントリークラブの駐車場では手こずらなくてすむでしょう、新登場のアルメーラ。世界中のドライバーへのよいお知らせです（ウッドやアイアン、パターにとっても）。（注：boot＝英国人はトランクのことをbootと呼び、アメリカ人はtrunkという／that's one in the bunker＝messed up＝駄目／divots＝ゴルフのディボット＝面倒くさい）

A CLASS-LEADING SIXTY LITRE FUEL TANK. HANDY FOR GETTING YOU FROM A TO C.

同クラスでも群を抜く60リットルの
ガソリンタンク。あなたをAからCま
で手軽にお運びします。
(注：通常は"from A to B"というが、
タンクが大きいので"B"地点以上の
ところまで行ける、"AからCまで"とい
う意味)

Put a tiger in your tank? You can get an elephant in ours. The new Almera has a bigger fuel tank than any other car in its class. Which, combined without fuel efficient 16 valve 1.5 or 1.8 litre. Petrol, or 2.2 litre direct diesel injection engines, gives you a journey range of up to 650 miles. Each of which is made all the more enjoyable thanks to multi-link beam rear suspension. The New Almera. Remember to keep a note of where the petrol cap is.

タンクに虎を入れる？ 私たちの商品
には象が入ります。新アルメーラは、
同クラスのどの車種よりも大きなタ
ンクを備えています。タンクは燃費
のよい1.5もしくは1.8リットルの16
バルブとの組み合わせです。ガソリ
ンもしくは2.2リットルの直接噴射
ディーゼルエンジンは、最高650マ
イルまで持続します。どちらもマル
チリンクビームの後部サスペンショ
ンのおかげで、とても高性能にでき
ています。新アルメーラ。ガソリン
タンクのキャップをどこに置いたか、
メモをしておかないと忘れるくらい
ガソリンの持ちが良いです。
(注：その昔アメリカの石油会社が、わ
が社のガソリンには虎が入っているか
のように力が出ると広告した。虎より
も、より強力な象の力が出ると表現し
ている)

THE CURVY BODY WELL BE USING TO DRAW ATTENTION TO THE NEW ALMERA WON'T BE SITTING PROVOCATIVELY ON THE CAR. IT IS THE CAR.

新アルメーラに視線を集めるために、
私たちが使うナイスボディの女性モ
デルは、挑発的にクルマの上に座っ
てはいません。それは、クルマそのも
のなのです。
(注：the curvy body＝オートショーの
女性モデルとクルマのモデルのダブ
ルミーニング)

YOU TOO COULD HAVE A BODY JUST LIKE THIS.

あなたもこんなきれいなボディ。
(注：You too could have a body just like this.＝ダイエットトレーニングの決
まり文句。ここでは、クルマと人間の
ダブルミーニング)

Feast your eyes on this luscious young model. The New Almera. Pert, seductive and untouched by Rod Stewart. Wouldn't you love to run your hands along its distinctive

surftail roofline?
To caress that dramatic bonnet, air dam and the integrated headlamps?
To gently stroke those 15″ wheels?
To let its interior softly wrap itself around you? Okay, that's enough of all that.
The New Almera. Is that the deposit for one in your pocket, or are you just looking?

この官能的な若いモデルで、あなたの目を楽しませてください。新アルメーラ。健康的で魅惑的、そしてロッド・スチュワートからは、まだ手を触れられていない。この独特の流れるようなルーフラインをあなたの手でなぞってみたいと思いませんか？ 表情豊かなボンネット、エアダム、そして完全なヘッドランプに触れてみたいと思いませんか？ 15インチのタイヤをやさしく撫でてみたくありませんか？ そのインテリアであなたを優しくつつみこませたくありませんか？ もうこれで十分でしょう。新アルメーラ。お買いになりますか、それとも、ただ見るだけ？

（注：luscious young model＝女性とクルマの「モデル」のダブルミーニング／Rod Stewart＝ロック歌手。60代なのに、大好きな若いブロンド娘をいまだに追いかけ回し、欧米のゴシップ紙にしばしば書き立てられているアーティスト／the deposit for one in your pocket, or are you just looking?＝Mae West (1893–1980) 主演の映画 "Sextette" の中のセリフである "Is that a gun in your pocket or are you just happy to see me?（私とセックスをするのか、それとも、ただ見るだけなのか）" のパロディー）

NISSAN Motor/UK
Art Director: Paul Belford
Creative Director: Trevor Beattie
Designer: Dan Beckett/Paul Belford
Photographer: Graham Ford, Laurie Haskell, Paul Belford
Copywriter: Nigel Robert
Agency: TBWA GGT Simons Palmer/UK

WITH STORAGE COMPARTMENTS IN THE REAR SEAT, ROOF, CENTRE CONSOLE, DOOR, AND SPARE WHEEL, YOU'LL LOVE THE NEW ALMERA. CUSTOMS OFFICERS WON'T.

後部座席、ルーフ、中央のコンソール、ドア、スペアタイヤの各部の仕切り収納に、あなたは新アルメーラをとても気に入るでしょう。税関の役人は気に入らないでしょうが。

The new Almera's got more secrets than a former cabinet minister. In fact, it has over 20 different places to stow.
Everything from your sunglasses to your umbrella to your weekly groceries.
Each of which is cleverly located in the ergonomically advanced interior.
Oh yes, we don't make rubbish. But if you do, then you'll appreciate the built-in garbage tray. There's a place for everything in the new Almera. So put your bum in the driver's seat of one.

新アルメーラは、前内閣の閣僚よりも多くの秘密を持っています。それどころか、20ヵ所以上もしまう場所があるのです。あなたのサングラスから傘、1週間分の食料品まで、人間工学的に進歩したインテリアに、それぞれが便利に収納されるようになっています。
もちろん、私たちはゴミを作りません。でも、もしあなたがゴミを出したら、備え付けのゴミ箱が役に立つでしょう。新アルメーラには、すべてのものをしまえる場所があります。さあ、あなたのお尻も、新アルメーラの運転席に置いてください。

Chapter 3
美しいエアラインの広告

航空会社の競争は激しい。主要なエアラインは各社ともボーイングかエアバスの機体を使っているから、自社の特色を出すためには、他の部分での工夫が必要になってくる。運賃やサービスで違いを表現するか、イメージで格差をつけるか、大体この2つに分かれているようだ。
エアラインの広告には、まさにそのような事情がそのまま反映されており、アイディアに富んだ表現がいろいろ見られる面白いジャンルである。

18
カンガルーの国へ
Qantas Airline/France

カンタス航空は、ご存知オーストラリアの航空会社だから、自国が誇る自然の美しさを強調している。そのポスターは美しいばかりではなく、海の珊瑚礁や、空の雲に、シンボルマークのカンガルーの形を浮き立たせるなど、アイディアそのものも楽しい。
こんなビジュアルがあれば、まわりくどいコピーはいらない。コピーはひとことでいい。英語にすればこんな感じか。
Qantas: The airline that's naturally Australian.
カンタスは、もちろんオーストラリアの航空会社です。
（注："自然＝nature"と"naturally＝もちろんです"をかけている）

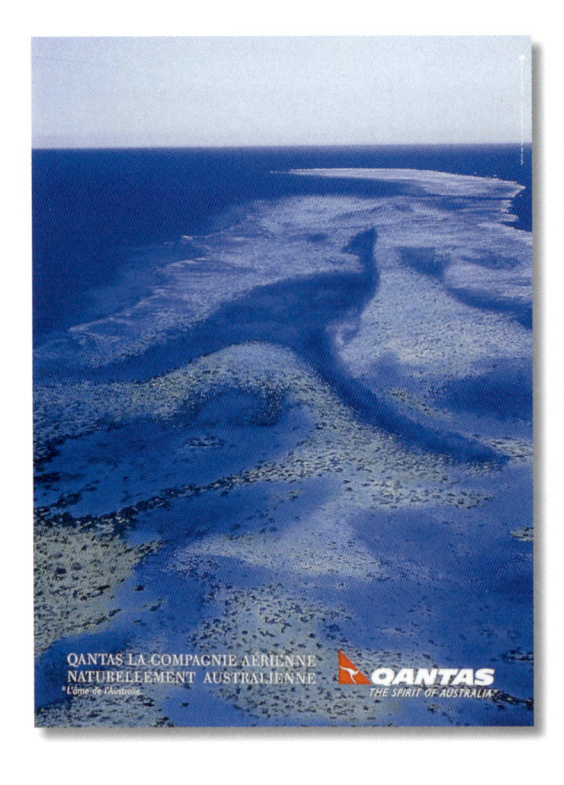

Qantas/France
Art Director: Eric Rinaldi
Copywriter: Frederic Arnoux
Photographer: Ken Duncan
Agency: Publicis Conseil/Paris

19
ユナイテッドの座席の間隔
United/USA

キャニオンがそびえ立つ広大な砂漠地帯に、それぞれの番号がついていて、読者に何の意味だろうかと疑問をいだかせる広告だ。よく見ると「10列目、11列目、12列目」と読み取れる。読者は好奇心にかられ、ヘッドラインに目をやり、ボディコピーまで一気に読んでしまう。つまり写真で快い気持ちにさせるだけでなく、この数字は何を意味するのか、と見る者の好奇心を駆り立て、広告に参加させるのだ。

It's amazing what a few extra inches of space can feel like on an airplane. 飛行機の中では、ほんの数インチの余分なスペースがどんなに快いものかは、驚くほどです。
カンタス航空のほうはいわばイメージ広告だが、ユナイテッド航空は、"席の間にスペースがあります"と具体的なメリットを示している。エコノミークラスを利用する人なら、席と席の間隔は、たったの5センチでも広いほうが楽なことは、誰でも知っているはず。このシリーズの特徴は、見る者にその利点を示していることだ。
例えば、それぞれ離れた3つの山を写して、パノラマ写真を使うことにより、機内の余分なスペースを誇大に表現し、ユーモラスにしている。それは、身をもって長時間のフライトを体験している利用者は、座席のほんのわずかなゆとりでもすぐ分かるし、快適さを感じるからだ。

United "Buttes", "Rolling Hills"/USA
Art Director: Dan Bryant
Copywriter: Scott Cooney
Photographer: Richard Hamilton Smith
Agency: Fallon/Minneapolis
2000年カンヌ国際広告祭銀賞

20
英国航空で安眠できます
British Airways/Singapore

21
イタリアのおもてなし、アリタリア
Alitalia/Spain

パッと目を引く大きな目、綺麗に生えそろったまつげ、まぶたにほんのりと塗られたアイシャドウ、「ああ、化粧品の広告か」と思ったら、なんと英国航空の広告だった。これは1998年に英国航空が行った"Eye"キャンペーン。英国航空のファーストクラスでは、まずなによりも、ご自宅のベッドでの眠りと同じ眠りをお約束します。ビジネスで旅をする人は誰でも長い飛行中に、安眠したいと願っています。目的地に到着したときに爽快な気分でいつでも仕事に向かえるように。飛行機のシートで眠ると体のあちこちが痛みだし、動きがにぶくなったり、気分がすぐれなくなるから…。
そして英国航空は6フィートのベッドそっくりなリクライニングシートを最初に導入し、あたかも自宅のベッドで寝ているように安眠ができるということを力説している。

夢幻的な映像である。アリタリアといえばイタリアを代表する航空会社。居心地のいいゆったりとした座席、電話、美味しい食事、翻訳サービスなど、"マニフィカ（豪華）クラス"と呼ばれているキャンペーンの特別サービスの案内広告である。手、目、口を素材に、アリタリア航空のセールスポイントについて機影を使ってそれぞれコピーに繋げている。

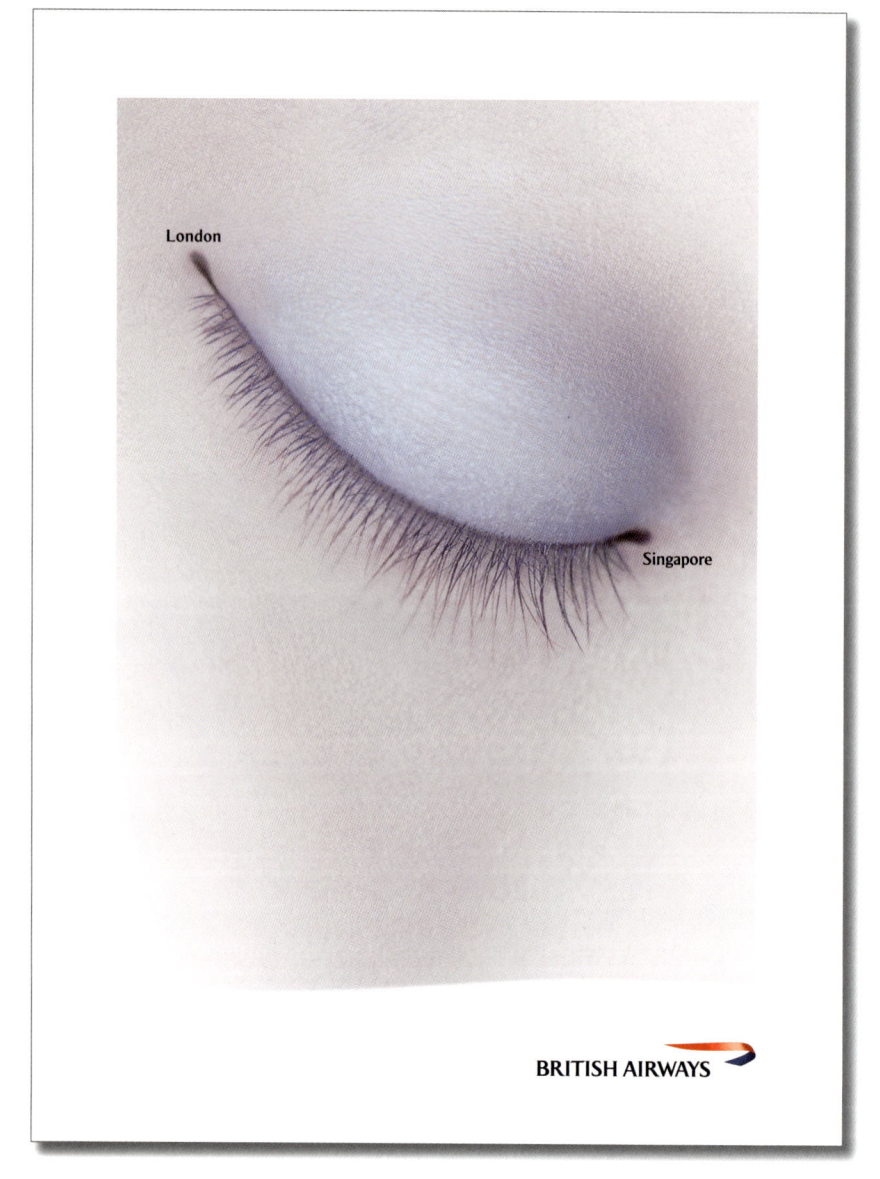

British Airways "Eye"/Singapore
Creative Director: Paul Ruta, Jason Ross
Copywriter: Paul Ruta
Art Director: Jason Ross
Photographer: John Chang
2000年ニューヨークフェスティバル金賞

Everyone choose his own destiny. The most important thing is to arrive there.
人は誰でも自分の目的地を選ぶ。最も重要なことはそこへ着くことだ。アリタリアの快適な空の旅なら、確実に、しかも気持ちよく目的地に着くことができますよ、と言いたいのだろう。"destiny（運命）"にかけて、旅客機が生命線から飛び立っている…そう言いたいところだが、これは感情線である。

Travel without missing home.
ホームシックにならない旅行。
アリタリアの旅行は楽しいので、ホームシックなどには全然なりませんよ、と。"missing home"はホームシックを意味している。"missing"は見失うという意味だから、視線から飛び立っているのであろう。

Italian cooking 11,000 metres up.
地上1万1000メートルのイタリア料理。

本場のイタリア料理が地上1万1000メートルの上空で食べられるのだから、こんなに素晴らしいことはない。食べ物だから口からの線で表現しているのだろう。

Alitalian—Flying's the least of it.
アリタリアン——飛ぶことは一番簡単。お客様にサービスするほうが、飛ぶことよりはるかに難しいのですよ、ということか。

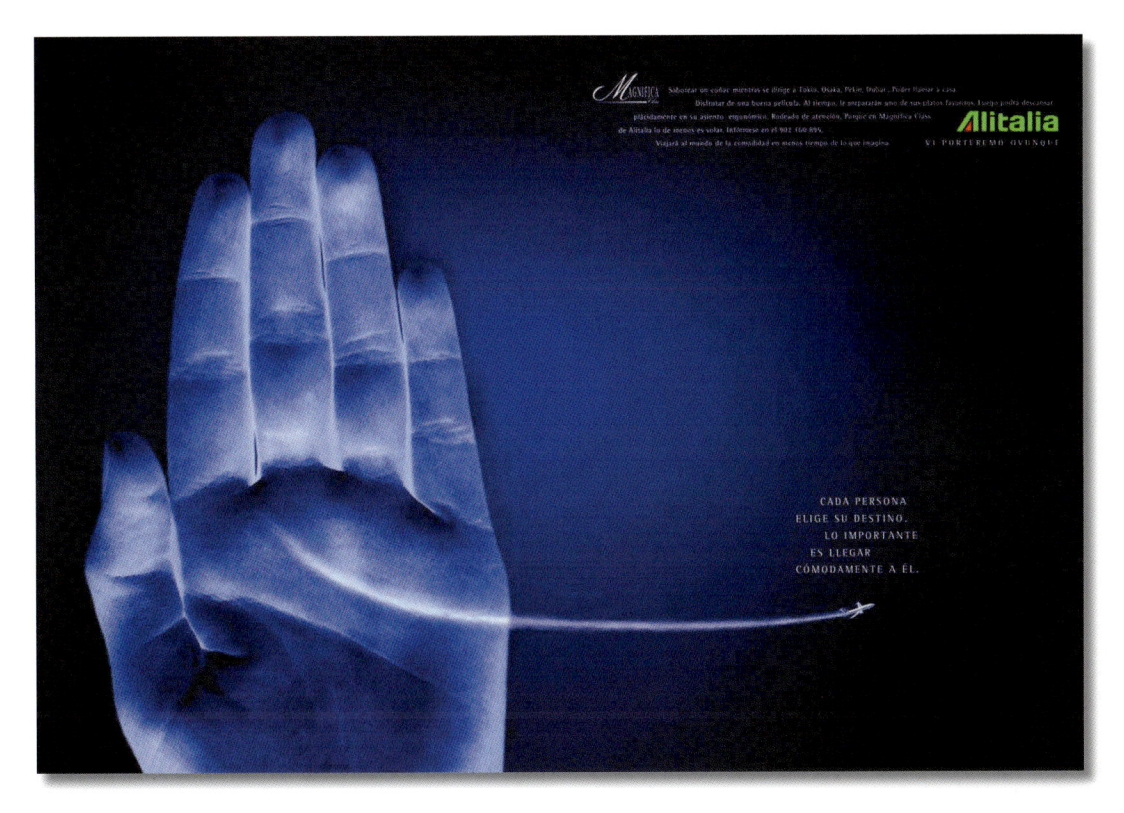

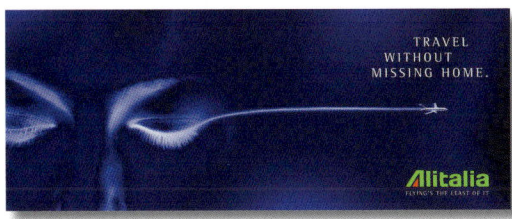

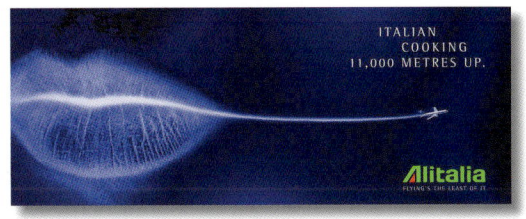

Alitalia/Spain
Art Director: Kiko Argomaniz, Uschi Henkes
Copywriter: David Palacios
Agency: Zapping/Madrid

22
ハチドリをキャラクターに
Caribbean Airlines/UK

ニューヨークやマイアミからカリブ海へ行くカリビアン・エアラインズの広告。カリブ海に生息している青い色のくちばしの長いハチドリをイメージキャラクターにした表現が、シリーズ広告として生きており、親しみやすいエアラインとして洒落た広告になっている。テーマはストレートに訴求しているが、ビジュアルは楽しく可愛らしい。ハチドリのキャラクターが競合会社との差別化に成功している。

Miami to Trinidad & Tobago Non-Stop Every Day.
マイアミからトリニダード・トバゴへは直行便が毎日飛んでいます。

Your New Caribbean Airline has arrived.
新しいカリビアン・エアラインズが登場しました。

Miami Non-Stop Every Day.
マイアミ直行便は毎日あります。

New York Non-Stop Every Day.
ニューヨーク直行便は毎日あります。

イメージキャラクターのハチドリは、南北アメリカと西インド諸島に棲んでおり、その種類は300以上と言われ、小さい種類は全長6センチ、大きい種類は20センチになるのもいるそうだ。

Caribbean Airlines/UK
Art Director: Anna Goodyear, Simone Micheli
Copywriter: Neil Croker, Robert DeCleyn, Elaine Jones
Typographer: Mark Goodwin
Agency: Chick Smith Trott, London

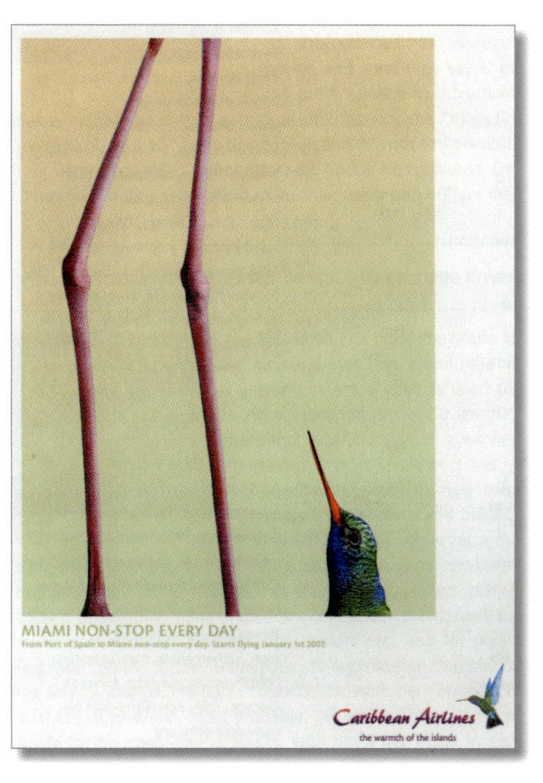

MIAMI NON-STOP EVERY DAY
From Port of Spain to Miami non-stop every day. Starts flying January 1st 2007.

Caribbean Airlines
the warmth of the islands

NEW YORK NON-STOP EVERY DAY
From Port of Spain to JFK non-stop every day. Starts flying January 1st 2007.

Caribbean Airlines
the warmth of the islands

Chapter 4
セックスと肥満をテーマにした広告

セックスをテーマにした広告
販売促進にエロティシズムを使うことは、古くからある宣伝理論の一つであると言われている。それは今日でも立派に通用するそうだ。例えば映画や小説の中にセックスシーンを入れると、観客動員数や販売部数が増加すると言われ、欧米では当然のこととして行われているとのこと。それゆえ、セックスをテーマにした広告が多いのかもしれない。この章で紹介するメルセデス・ベンツのSLKは、メインコピーが "Sex sells." と、何とも大胆な広告であるが、「クルマ自体がセクシーないでたちなので、多くの人々がすぐにでも手に入れたいと思ったほどで…」とは、実際に担当者から聞いた話である。海外の広告を見てエロティシズムを使った作品が多いのは、そのためかもしれない。
23, 24, 25, 26, 27, 28

肥満をテーマにした広告
痩せること、体重を減らすことに、みんな熱中している。最初の頃は、女性のおしゃれや美容のためが中心であったが、今では男女とも健康のために必須のこととなっている。そのためダイエット食品や器具などの広告も盛んである。表現もリアルに、直接的なものに変わってきた。米国の雑誌によると、糖尿病患者が増えたのと同じ時期に、多くの人の体重も増え、1991年にはわずか12%の肥満人口が1998年には20%に。オーバーウェイトになった人口は44%から54%に上昇している。その主な原因として、昨今のインターネットの中毒、ケーブルTVの普及などがあるとされている。その先端を行くのがネットサーフィンを楽しんでいる年齢層で、解決策としてはコンピューターやTVのスイッチを切ること、そして定期的な運動を心がけ、正しい食生活を送ることだそうだ。
ここで紹介する広告は、えー！ そこまでやるの、と言いたいぐらいだ。それだけ深刻なのだろう。その深刻ぶりをちょっと覗いてみよう。
29, 30, 31, 32, 33

23
玉突きレストラン
Lucky's Restaurant/USA

Finally, a restaurant in Chicago with balls.
ついに、シカゴにビリヤードつきのレストランが誕生。
このキャッチフレーズの鍵は "balls" という言葉にある。日常的な例としては、John stood up to the president and really argued with him. He has balls. ジョンは社長と真っ向から論じ合った。彼には "balls" がある。
つまり、ballsとは睾丸のこと。真の男の印であり、ガッツがあり恐れを知らない男の意味で使われ、フォーマルな場では使わないが、親しい友人との間では、使われている。
Even though he knew it was dangerous. Philip tried to climb Mt. Everest.
There's a guy with balls.
危険を承知で、フィリップはエベレストに登った。本当にガッツのある男だ。
"シカゴにビリヤードができるレストランができた" ということだけなら、退屈な広告だが、ダブルミーニングを用いて面白く表現している。
ついにシカゴにビリヤードができる、ガッツのあるレストランができた。
コピーとボールとロゴマークの3つを上手に使い、見た人の視線がレストランの名前に向くように、ビジュアル的に考えられたレイアウトが、このレストランに強いイメージを与えている。完成度の高い作品だ。

Lucky's Restaurant/USA
Art Director: Tom Schwartz
Designer: Tom Schwartz
Photographer: Steve Nozika
Copywriter: Sam Kaumeyer
Agency: Schwartz/Kaumeyer

24
クルマは男か女か
Mercedes-Benz/Germany

クルマの運転をセックスにたとえる人がいる。クルマにはフェティッシュな魅力があると言う人もいる。飛ばしているとドライビング・エクスタシーのようなものを感じて、思わず叫び声を上げたり…と、あられもないことを言う人もいる。そういう視点から見れば、メルセデス・ベンツのSLKはセクシャルな魅力を感じる対象ではないように思える。女性にたとえれば、有能なセクレタリーとか、堅実なマダムというイメージである。愛人タイプと女房タイプに分ければ、明らかに女房タイプ。万事そつなくこなしてくれるけど…という感じがするのだが。しかし「販売促進にエロティシズムを使うことは、古くからある宣伝理論だ。それは今日でも立派に通じる。SLKの画像がカーマガジンに初めて掲載されたとき、そのセクシーないでたちに、多くの人たちが今すぐにでも手に入れたいと思った。ほどなくして、予想をはるかに超える予約注文が殺到した。それも宣伝の第一弾を打つ前に、である。結局、その第一弾は広告代理店の引き出しに眠ったままとなった。ベストな宣伝がすでになされたからだ。SLKそれ自体、セクシーだからだ」とは関係者の話。
ところで、クルマは男性なのか女性なのか。フランス語では"ユンヌ・ボワチュール"。イタリア語では"ウナ・マッキナ"で、これも女性名詞。やっぱり女性にたとえられるのだ。

Mercedes-Benz SLK "Sex sells"/Germany
Creative Director: Kurt Georg Dieckent/Stefan Schmidt
Copywriter: Thomas Chudalla
Art Director: Axei Thompson/Doris Fuhrhop/
Christoph Everke
Photographer: Oliver Reindorf
Agency: Spring & Jacoby Werburg GMBH/Hamburg
1998年ニューヨークフェスティバル入選

25
乱れた手紙
GM Pharmaceuticals/South Africa

精力増強剤の広告。広告の中の文章は、普通は活字がきちっと組まれているものだ。だから、たまに手書きの字で制作されたものがあると、それだけ目立つ。
拝啓 アンドリュー先生。私の悩みをお話ししたくて、お手紙を書いています。実は、私の夫は突然セックス狂になってしまったようです。私がアイロンがけをしていても、食器洗いをしていても、掃除をしていても、料理をしていても、おかまいなしにセックスをしようとするのです。先生にお聞きしたいのですが…。(この後は字が乱れて読めない)
字が乱れたその後を、読者の想像にまかせる…というところが、よく計算されている。南アフリカの広告。

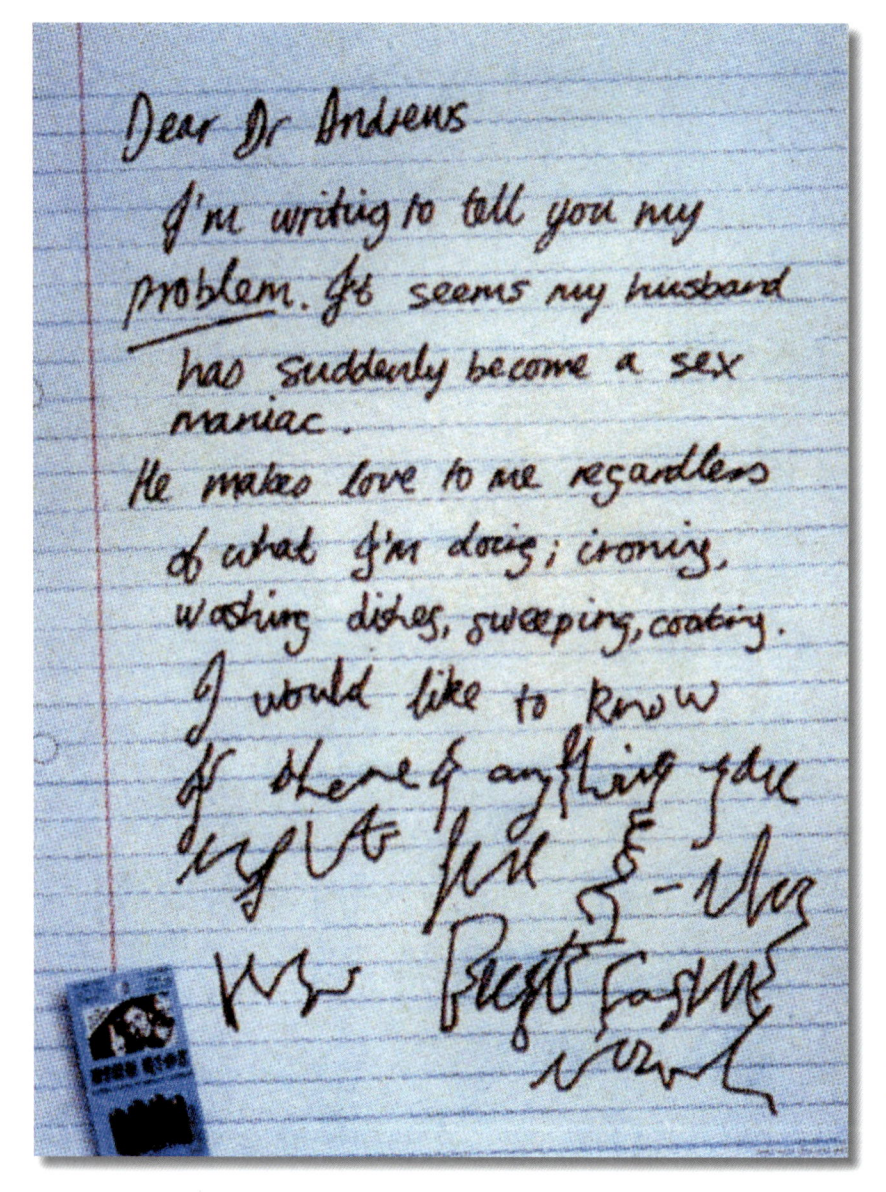

GM Pharmaceuticals
"Letter"/South Africa
Creative Director: Tony Granger
Copywriter: Tracy Funke
Art Director: Ross Ventress
Photographer: Brian Gibbs
Typographer: Ross Venhress
Agency: TBWA Hunt Lascaris/
Johannesburg, Sandton
1999年カンヌ国際広告祭銀賞

26
葉巻のたとえ
The Cigar Bar at Arthur's/USA

"葉巻"。日本人でこれを愛好する人は、きわめて少ない。古くは英国生活が長かった吉田茂元首相は、葉巻をくわえた姿がとても似合う人だった。概して金持ちの趣味であって、庶民が吸っているとどうしても不自然であったり、あるいはキザに見えたりするのがわが国での葉巻の印象である。

さて、葉巻は太くて長い。こういう形状のものからは、とかくある種のモノを連想したがるのが通例のようで、この広告もそこからきているようなのだ。葉巻は堂々と左右いっぱいに横たわっていて、"AFTER GREAT SEX" のものだと書かれている。一方、普通のフィルター付きのタバコは、なんとも情けない姿で "AFTER GOOD SEX" のものだと書かれている。どうやら、葉巻氏は "GOOD" と "GREAT" の言葉を使って、比較広告をやっているらしい。しかも公の出版物の広告の中で。

ところで、太くて長いものは通常…と言ったが、わが国では葉巻をもってそれにたとえる習慣はあまりないように思う。それほど生活の中に入り込んでいないせいだろう。何年も前のことだが、ある国の大統領が、葉巻を使って不適切なことをしたというスキャンダルがあった。やはり、あちらではそれほど生活に密着したものなのだろう。

The Cigar Bar at Arthur's "After Great Sex"/USA
Copywriter: Ed Jones
Art Director: Jim Mountjoy
Photographer: Jim Arndt
Agency: Loeffler Ketchum Mountjoy

27 着るため見せるため
Tabu Lingerie/USA

ランジェリーは不思議な世界である。このように巧みな写真で見せられると、そのデザインの強烈さと繊細さには驚くばかりである。
男性はただ想像をかきたてられるばかりであるが、女性はここにどんな愉悦や秘密を隠しているのか。そんなことはいちいち言葉で表すことはないだろう。コピーは意外にも、実利性にかこつけて、その一端をうかがわせているのである。

Want to rekindle an old flame?
Try a blowtorch.
焼け棒杭に火をつけたければ、ガスバーナーをお試しください。
"old flame（古い炎）"とは、過去に情熱を燃やした恋人のこと。消え失せた炎を再燃させるには、新しい火種が必要だ。ガスバーナーでお試しになったらいかが…。そのガスバーナーとは、わが社の深紅のランジェリーのこと。あなたの昔の恋人を、もう一度燃え上がらせてみたらいかがですか、とけしかけている。

Just think what you'll save
on heating bills.
暖房費をどれだけ節約できるか、よく考えてください。
表面的には暖房費を節約できるから、この下着をつけるべきですよ、と言っている。では、なぜ節約できるのか。つまり、あなたが発する情熱から多量の熱が得られるので、暖房で暖めなくてもいいのだ。その情熱はこの下着をつけることによって得られるのだ、と訴求している。

If you want a good night's sleep,
wear a flannel nightgown.
もしグッスリと眠りたいのなら、ネルのネグリジェを使いなさい。
言い換えれば、一晩中眠り続けたいのなら、わが社の下着はつけないでください。あなたの恋人はあなたに魅力を感じなくなり、あなたは指一本触れられることなく、平和のうちにグッスリと眠れますよ。しかし安眠の代わりに情熱的な夜をお望みならば、タブーランジェリーこそが、ピッタリです。

このシリーズ広告が主張するのは、明らかに見られるためのランジェリーである。商品だけを見せて、これだけ感じさせるのは、制作者が優れているからである。セックスに関連した広告表現は非常に難しいが、ここで取り上げた作品はユーモアを巧みに用いて下品にならず、バランスのとれたものになっている。コピーが非常に巧みで、よくできていると言えよう。

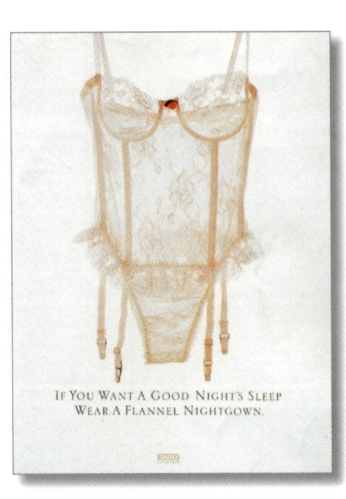

Tabu Lingerie "Blowtorch", "Pity", "Flannel"/USA
Art Director: Jeff Hopfer
Copywriter: Todd Tilford/Vinnie Chieco
Photographer: Holly Stewart
Agency: The Richard Group/Dallas, TX
1994年ニューヨークADC銀賞

28
死んでも君を離さない
AXE/Puerto Rico

場所は墓地。その墓石には "Roberto Gonzalez Rive 1981-2004" と書かれている。これから推測すると、ロベルト・ゴンザレス君は23歳の若さで2004年に他界したのだ。
そのお墓を若い美女が、こともあろうにハイヒールをはいたまま、スコップで掘り出そうとしている図である。
なんでお墓まで掘って…と思うだろう。これは男性用フレグランスボディスプレー、アックスの広告だ。この香りを嗅いだ女性は男に惚れ、男を追い回すという、男にとってはまたとない商品だ。その上、一度つけたら香りが消えないという代物。だからこの広告表現になったのだ。この広告の注目すべき点は、全世界同じコンセプトで宣伝していること。日本でも大勢の女性に追いかけられて逃げている男のCMを見た記憶がある。あなたもひとつどうだろうか?

AXE "Cemetery"/Puerto Rico
Creative Director: Anabelle Barranco
Art Director: Felix J Castro
Copywriter: Anabelle Barranco, Janson Colberg
Agency: Ergonomic Communications
Photographer: Ernesto Robles
2006年Graphis入選作品

29
スペアタイヤだなんて
YMCA/USA

Simple instructions for changing
your spare tire.
Join the YMCA.
あなたのスペアタイヤ交換について、
一言お教えします。
YMCAに入りましょう。
あのYMCAも今やこの問題に参入して、施設を運動のために使わせているのだという。
ところで、スペアタイヤという表現だが、写真にあるようなお腹の贅肉のことをアメリカではこう呼んでいる。実際にタイヤをお腹に巻いた広告もある。言い得て妙とも言えるが、こわいほどリアルである。

30
未来の姿
Futureshape/UK

肥らないためにはどうすればいいか。消費するカロリーと同程度のカロリー分の食事をすればいいのだが、これがいかに大変かは、世の肥満者の悪戦苦闘ぶりをみれば想像がつく。この広告はイギリスの、その名もセルライト＆ウエイト・ロス・センターのものである。女性が細身に映る鏡の前で、束の間のスリムに酔っているのだ。使用前に使用後の効果が分かるのがこの広告の特徴だ。広告塔にある社名がまた面白い。"futureshape（未来の姿）"となっている。こんな時にも皮肉とユーモアを忘れないのがイギリス人だ。

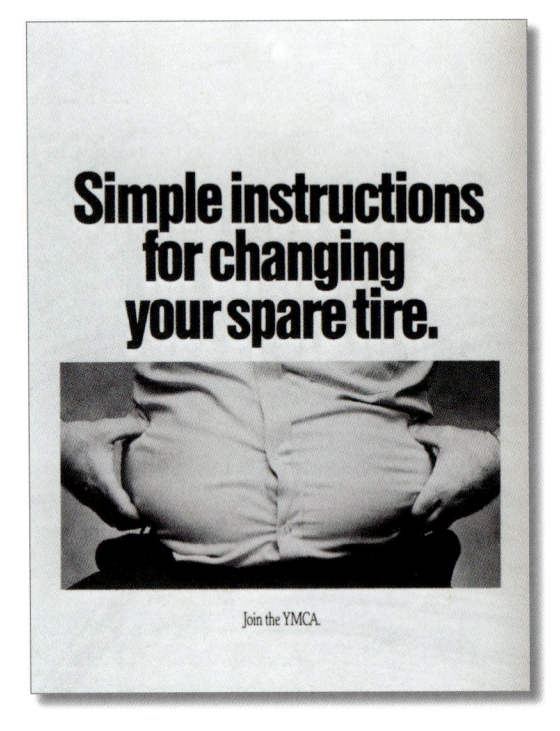

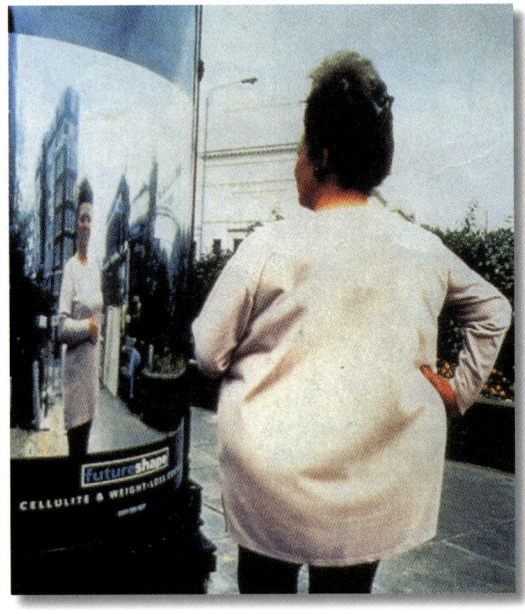

YMCA/USA
Art Director: Jac Coverdale
Copywriter: Jerry Fury
Photographer: Tom Berthiaume
Agency: Clarity Coverdale
Fury Advertising/Minneapolis
1985年ニューヨークADC金賞

Futureshape Cellulite & Weight-Loss Centre "Mirror"/UK
Creative Director: Gerard Stamp
Copywriter: Jane Atkinson/Matt Hazell
Art Director: Jane Atkinson
Agency: Leo Burnett
1998年カンヌ国際広告祭銅賞

31
削除できます
Internet Zip.net/Brazil

自分の視線をカメラアイにして体重を計っている写真。それにしても力士のような立派な太鼓腹である。体重計を見るとなんと115キロ。これがあなたのお腹だったら、どうだろうか。30キロ減量と口で言うのは簡単だが、実際に減らすのは並大抵でない。
3度の食事を減量し、ジョギングを朝晩10キロずつ、飲酒も駄目、おやつも駄目、甘いものは絶対に駄目、などなど頭の痛いことばかり…。
しかし、この広告は"もし人生が我々の操作と同じように簡単にできたらいいですね"というインターネット・プロバイダーの広告。"Delete（削除する）"キーを押すだけで簡単に削除できたら…というたとえに、太鼓腹を見せたのだ。コピーは"ニュース、娯楽、旅行、雑談、Zip.net e-mailは簡単、すべて無料です"。

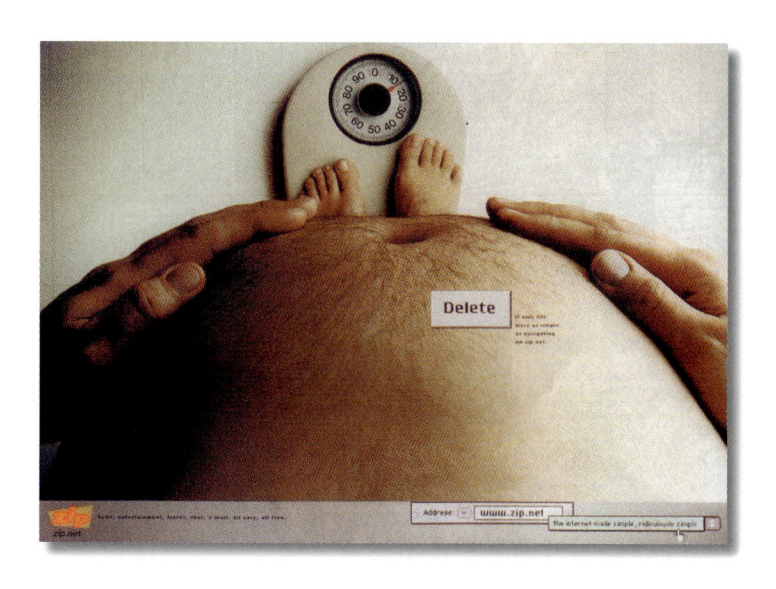

Internet Zip.net "Delete"/Brazil
Creative Director: Fabio Fernandes
Copywriter: Fabio Fernandes/Eduardo Lima
Art Director: Julio Andery
Photographer: Monolo Mouran
Agency: F/Nazca Saatchi & Saatchi/São Paulo
2001年ニューヨークフェスティバル金賞

32
100%本物のイタリア製
Fratelli Bakery/Canada

この広告を見た瞬間、肥りすぎを警告するダイエットの広告かと思った。ところが、話はまったく別。片方は妊娠のお腹、もう一つはティラミスのお腹、とある。そしてコピー曰く"当店の商品には100%本物のイタリアの原料を使っています。そしてこうなりました"。つまり、あまりにもオイシイので、ついつい食べ過ぎて、妊婦にも見紛う大きなお腹になってしまう、と言いたいようだ。こういうユーモアなら分かると言ってもいい。しかしケーキ屋の広告にしてはブラックではないか。

あるいは、妊婦のお腹の中身についても"100%本物のイタリア人の…"と言っているとしたら、このユーモアはもっとブラックである。

ブラックではあるが、正直さも感じられる。栄養分がいっぱいのケーキを食べながら、ほっそりした美女が微笑んだりする通常の広告のほうが、嘘っぽく感じる人もいるだろう。関係者の話によると、「わずか4週間しか掲載しませんでしたが、新しいお客さんがたくさん店にいらっしゃって当初の目的は達成しました」。バンクーバーの人々は、ユーモアを解する人たちなのだ。

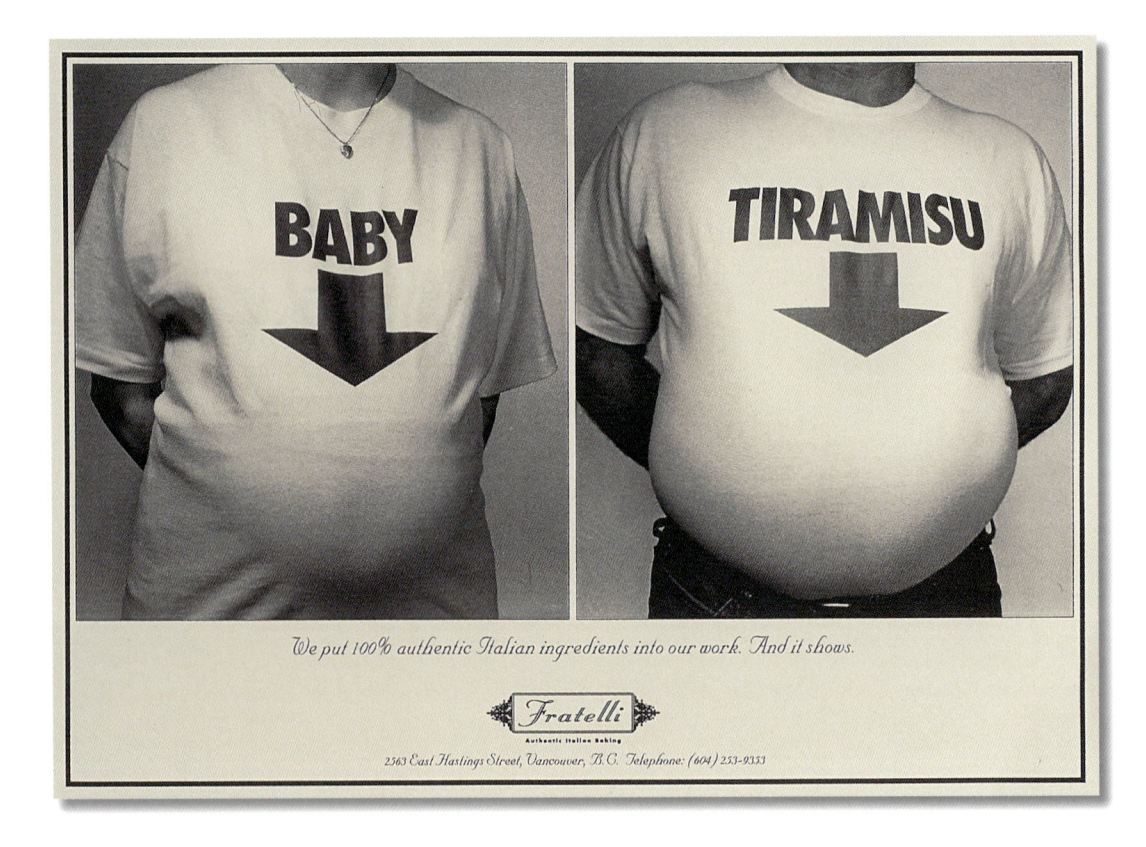

Fratelli Bakery/Canada
Creative Director & Art Director: Tim Kelly
Copywriter: Simon Cameron/Tim Kelly
Photographer: Leon Behar
Agency: Lanyon Phillips Communications Inc.
1998年コミュニケーション・アート入選

33
ドアが開くと
Planet Fitness/Singapore

大きく垂れ下がった肥満体のお腹。こんなものが建物の入り口にあったらびっくりする。これはシンガポールにある"プラネット・フィットネスクラブ"のガラスドアに描かれた絵である。しかしそれだけではない。"肥りすぎの方、どうぞお入りください。私たちにできることをお見せします"という言葉に従って入ろうとすると、自動ドアが開いて、お腹の出っ張った部分が取り除かれるという仕組みである。

こんなに分かりやすい図はない。そして肥満という深刻さを、ユーモアの明るさで吹き飛ばしてくれる。当地ではさぞ話題になったに違いない。クラブの人も自慢げに「この結果は誇りを持てるものでした。クラブ会員を増やすことに成功し、期待以上のインパクトを与えました」と話してくれた。

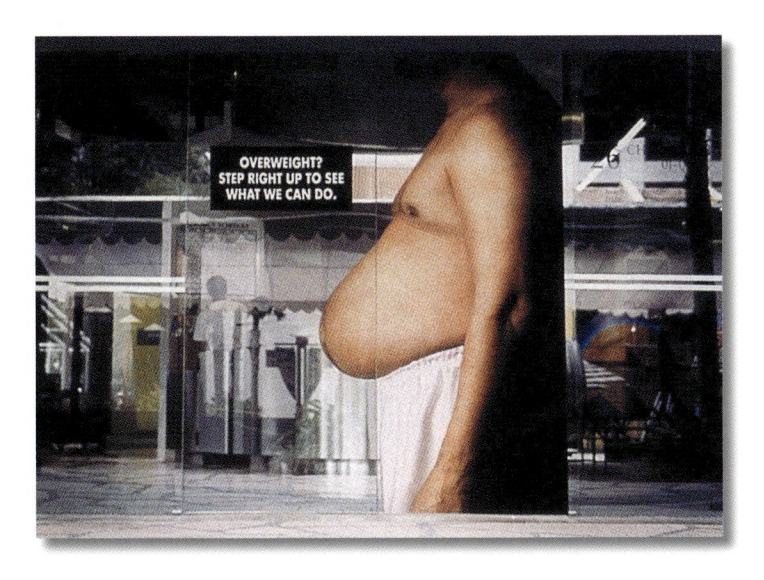

Planet Fitness "The Fat Man"/Singapore
Creative Director: Chris Chiu
Copywriter: Chris Chiu/Eddie Wong
Art Director: Eddie Wong/Chris Chiu
Photographer: Shooting Gallery
Illustrator: Procolor
Agency: Impiric Singapore
2001年ニューヨークフェスティバル銀賞

Chapter 5
説得力のある出版物の広告

書籍の広告
本は人の考え方を変える力があるから、それを読むのを禁止した独裁者がかつていたこと。本を読むと教育になるから、犯罪を減らす効果があること。本にはいやらしいものもあるが、もっといやらしいのは検閲であること。などなど、本の大切さをアピールしている広告もあり、これもまた読むに値するものである。

34, 35, 36

雑誌の広告
日本の雑誌の広告では、記事タイトルをぎっしり詰め込んだものが多く、それを見るだけでかなり具体的に内容をうかがい知ることができる。外国にも同種のものがあるが、編集のスタンドポイントだけを抽出して、それ自体をエンターテイメントに仕上げているのもあって、なかなか面白いジャンルである。

37, 38, 39, 40, 41

新聞の広告
人々がどの新聞を購読するかは、その新聞がどんな記事を載せているかで決める。したがって新聞社としては、当社はこんな考え方のもとにこんな記事づくりをしています、と広告する必要があるのだ。外国の例では、主義主張をかなりはっきりと表明していることが多く、この点が日本とちょっと違うところかも知れない。

42, 43, 44, 45, 46, 47

34
ウォーターストーンズの5冊
Waterstone's Book Sellers/UK

イギリスで一番大きい書店チェーン、"ウォーターストーンズ"の企業広告。本は単に読むものではなく、人間の考え方を左右するものであることを訴えている。本のタイトルがキャッチフレーズに、イラストまたは写真が本のカバーとなっており、コピーがなくても分かりやすく、見せ方が非常に上手だ。コピー、写真、イラスト、レイアウトのクオリティも高い。本が人間に及ぼす力が、いかに強力なものであるかを改めて認識させる広告である。

"Hitler"
Adolf Hitler Pol Pot & Mao Tse-Tung were right about one thing.

The power of books.
アドルフ・ヒットラー、ポルポト、毛沢東。彼らは一つのことについて正しかった。本の持つ力。
ヒットラー、ポルポト、毛沢東、3人とも20世紀の名だたる独裁者である。3人に共通しているのは、本が持っている力がいかに恐ろしいかを熟知していたので、国民に読書の自由を与えなかったことである。なかでもヒットラーの焚書は有名で、ドイツの将来に破壊的作用を及ぼし、ドイツの思想、家庭、国民の推進力の根源を害する本は焼き捨てられた。本が焦げているのは、そのことをシンボリックに表している。

"Anywhere"
You can take a book anywhere.
Vice-Versa
(注:Vice-Versa=ラテン語の省略文で、"逆も真なり"という意味)
"どこへでも、本は持って行ける"と同時に、"A book can take you …"つまり、"本はあなたをどこへでも連れて行きます"、"本はあなたをどのようにも変えられます"と言っているのだ。携帯性に優れて、人の考え方を変えることのできる本の力を、端的に言い表している。モバイルツールの開発で、映像やその他の電子メディアなどもポータブルになったので、電子媒体に対する挑戦広告かも知れない。

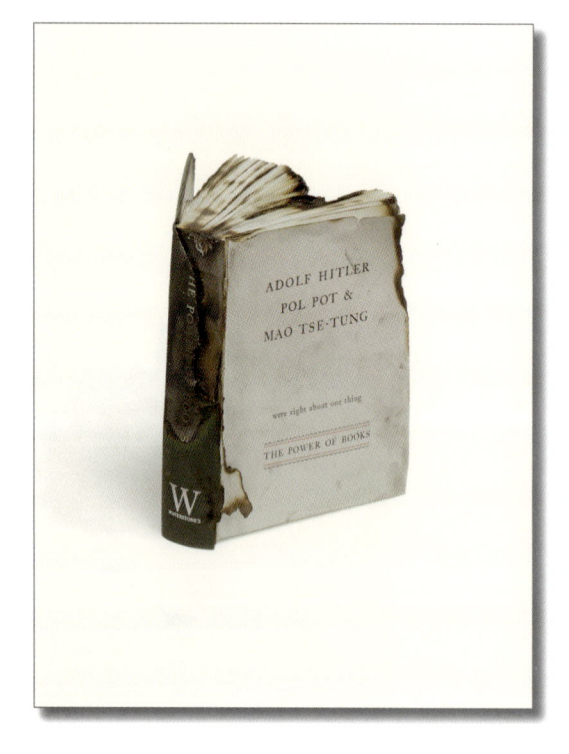

Waterstone's Book Sellers "Hitler"/UK
Art Director: Paul Belford
Copywriter: Nigel Roberts
Typographer: Paul Belford, Alison Wills
Photographer (book): Laurie Haskell
Creative Director: Tom Hudson
Agency: BST
1998年カンヌ国際広告祭金賞

Waterstone's Book Sellers "Anywhere"/UK
Art Director: Paul Belford
Copywriter: Nigel Roberts
Typographer: Paul Belford
Photographer: Glen Erler
Photographer (book): Laurie Haskell
Creative Director: Tom Hudson
Agency: BST

"Bedroom Light"
昔から英国人は、保守的で恥ずかしがり屋、と言われてきた。その例として
The British like to do with
the bedroom light out.
英国人は、ベッドルームで愛の行為をするとき、電気を消します。
これをもじって、
There is one thing the British like to do with the bedroom light on.
ベッドルームで電気をつけながら英国人が好んですることが一つあります。それは本を読むことだ、と暗示している。

"Escape"
The most common tool for ESCAPE from the prison isn't a shovel.
囚人が刑務所から脱走するための一般的な道具は、シャベルではありません。
つまり、それは本を読むことだと暗示している。マイク・タイソンの獄中での読書体験などが思い出されるが、この場合 "prison" は、単に刑務所だけでなく、自らの心の中にある檻からエスケープするために、本を読むことは大切であるという意味も含まれているのであろう。

"Offensive"
"offensive" とは、"攻撃的な" という意味もあるが、ここでは "いやらしい" の意味。卑猥な文学は "offensive literature" と言う。
Nothing could ever be more offensive in a book than censorship.
ジョエル・ピーター・ヴィトキンの写真によるこの表紙は確かにいやらしいが、それよりもっといやらしいのは、検閲だ。出版の自由を守るために、人は読みたい本を読むことができる自由がある、と訴えている。

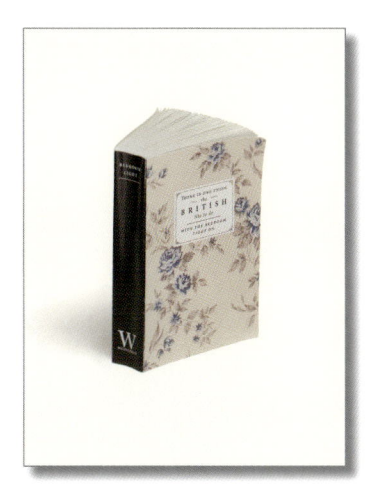

Waterstone's Book Sellers "Bedroom Light"/UK
Art Director: Paul Belford
Copywriter: Nigel Roberts
Typographer: Paul Belford
Photographer (book): Laurie Haskell
Creative Director: Tom Hudson
Agency: BST

Waterstone's Book Sellers "Escape"/UK
Art Director: Paul Belford
Copywriter: Nigel Roberts
Typographer: Paul Belford
Photographer: James Nachtway
Photographer (book): Laurie Haskell
Creative Director: Tom Hudson
Agency: BST

Waterstone's Book Sellers "Offensive"/UK
Art Director: Paul Belford
Copywriter: Nigel Roberts
Typographer: Paul Belford
Photographer: Joel-Peter Witkin
Photographer (book): Laurie Haskell
Creative Director: Tom Hudson
Agency: BST

35

クラーク社の2冊
The Clarke Quay/Singapore

シンガポールにある、クラーク・キー社の古本販売シリーズの広告。最初に写っている本の題名は "Obsessive Behaviour（強迫観念に取りつかれた行動）"。次に、この本のあちこちに書き込まれた言葉に注目してほしい。
OWNED BY GERARD
ジェラードによって所有されている。
THIS BOOK BELONGS TO GERARD.
この本はジェラードに所属する。
IF LOST, PLEASE RETURN TO GERARD.
拾った方は、どうかジェラードまでお返しください。
PROPERTY OF GERARD
ジェラードの所有物。
THIS IS GERARD'S BOOK.
これはジェラードの本だ。
THIS IS MY BOOK. GERARD
これは僕の本です。ジェラード
DO NOT TOUCH!
さわるな！
…などといったフレーズが、この見開きだけでも10以上、側面にまでもところ狭しと書き込まれている。この本の最初の持ち主は、まさにこの本に書かれている"強迫観念に取りつかれた行動"そのものを地でいっているので、変わり者どころか滑稽でさえある。明らかにジェラードはとても強迫観念の強い人である。この本がジェラードの役に立たなかったことを示しているが、この広告の上手なところは、コピーに

The Clarke Quay/Singapore
Art Director: Ted Royer
Copywriter: David Droga
Photographer: Alex Kai Keong
Agency: Saatchi & Saatchi/Singapore

よる説明は、本に書き込まれたもの以外はなく、読者に考えさせるところにある。

2つ目の広告も同じようなアプローチを用いている。本のタイトルは "For Better or For Worse: Making Your Marriage Work（善かれ悪しかれ：あなたの結婚生活を成功させる方法）"。この古本に書き込まれた最初と最後の所有者名は、いずれもドリス・ヒギンズ。よく見ると、最後の名前には "Sister" と書き加えられている。それは、彼女が俗世の生活をあきらめ、修道女になったことをほのめかしている。その他の名前は、彼女が結婚した男性たちの姓だと思われる。

このことから判断して、この本はドリスの助けにならなかったし、彼女の結婚生活は、どれもこれもうまくいかず、結婚に関しては永久に諦めて修道女になってしまったのだ。書籍に書かれた単語の羅列が、この本の持ち主の生涯を物語っていることは、まるで映画のストーリーか小説のようで、興味深い広告である。

36
文豪の作品はまず原作を読んでから
National Library/Czech Republic

原作の良さは原作を読まなければ分からない。"ハリウッドが読む前に原作を読みましょう"と、チェコ国立図書館が主張しているポスターを紹介しよう。

ジェーン・エア
シャーロット・ブロンテの作品『ジェーン・エア』の主人公ジェーンは、生まれながらの孤児。伯父宅に引き取られるが、伯父の死後、伯母や従兄弟たちにひどくいじめられた。そのためかジェーンは気の強い女の子になり、容姿が醜かったので同情されることはなかった。やがて気難しい、ブ男のロチェスター家の家庭教師になり、初めて人間として認められ2人は結婚するが、彼には狂人の妻がいることを知り、屋敷を飛び出す。
この写真によると、醜いはずの"ジェーン・エア"は、ハリウッドによって美しい現代女性に描かれている。原作を読んで、その上で映画を見てください、と訴えている。

罪と罰
ドストエフスキーの『罪と罰』は1866年の作品。主人公ラスコーリニコフは金に困り大学をやめ、何もせずに家にいる。酒場で出会った友達と高利貸しの老婆殺しを計画、検討を重ねて決行へ。"生きている値打のない人間の生命が終わるのを早めることは悪ではない"と考えたからだ。そんな考えも間もなくゆらぎはじめ、娼婦ソーニャの勧めで自首する。"安楽な生活の中に幸せはない。苦しみによって幸せはあがなわれるのだ"と作者は言っている。
この写真によると、自動小銃や火炎銃を持った黒人が描かれている。1860年代にそんな武器があっただろうか。原作を読んでから映画を見てほしい。

老人と海
ヘミングウェイの『老人と海』は、老漁夫サンチャゴが小船に乗って釣りをしていると、大きなマカジキを引っ掛けたが、小船は沖合へひっぱっていかれ、やっとのことで仲間の漁夫たちに助けられる。頭と体を小船にくくりつけられたマカジキは、80ポンドもあったが、サメに襲われて体は半分もなかった。老人はその魚が深くもぐって船を引っぱっている間、2昼夜も魚とわたりあっていたのだ。やっとのことで小さな港にたどり着くとベッドにうつ伏せになり眠りについた。少年が熱いコーヒーを持っていくと、老人は目を覚まし、すっかりやられたと言った。
この写真を見ると、豊満な肉体の女性2人に囲まれているが、この作品には女性は登場していないのである。原作を読んで、その上で映画を見てほしい。

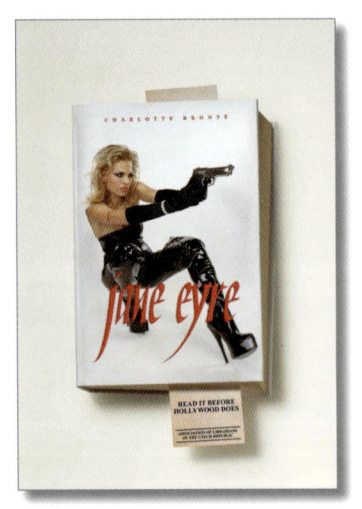

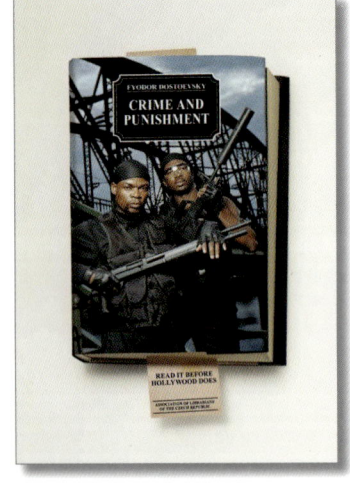

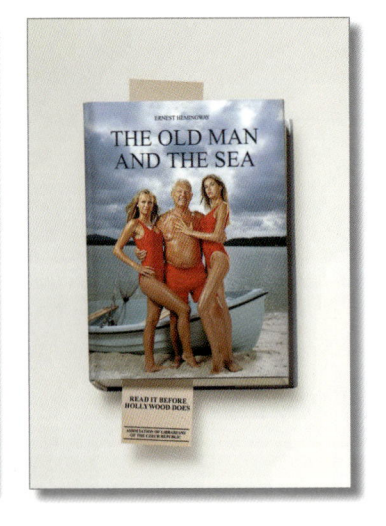

National Library "Crime", "Jane Eyre",
"The Old Man and the Sea"/Czech Republic
Creative Director: Basil Mina
Copywriter: Mike Yee
Art Director: Mike Martin
Photographer: Nikola Tacevski/Goran Tacevski
Agency: Leo Burnett, Prague
2005年カンヌ国際広告祭銀賞

37
ショッキングな写真・『タイム』誌
Time/USA

移植一号の手
この広告を見て、気の弱い人はおそらく"ウェ!"と驚くのではないかと思う。見慣れた私でさえもあまりよい気持ちはしない。そのうえ、この写真のポイントと言える場所を赤い線でトリミングして、この映像をいっそう強調しているのである。これがアメリカ版の『タイム』誌の広告なのだ。
この写真は世界で最初に移植された手である。見ようによってはグロテスクそのものであり、通常美しいというものから程遠いものだ。しかし、これが医学の進歩を表現したものだとすれば、そこには"特別な美しさ"が存在するのではないだろうか。
コピーではこう言っている。
Some photos have their own special beauty.
Here, the first transplanted hand.
The world's most interesting magazine.
写真はそれぞれ独特の美しさがある。ここにあるのは、世界で最初に移植された手。
世界で最も興味深い雑誌『タイム』

竜巻
日本では幸いなことに、竜巻にはほとんどお目にかかれない。新聞で○○地方に竜巻発生という記事を読むくらいで、写真も何軒かの屋根が風ではがされ、飛ばされている程度である。ところが本場アメリカでは気象現象の違いによるためか、その規模が大きく、被害もものすごい。何軒もの家が吹き飛ばされ宙に浮いているシーンを見ると、体が震えるほどの恐ろしさである。この写真は目前に起きている竜巻を、娘を抱いた母親が怯えながら見守っているシーンである。
Once-in-a-lifetime moments.
Somehow, captured weekly.
The world's most interesting magazine.
一生に一度の瞬間、どうにかして毎週撮影している。
世界で最も興味深い雑誌『タイム』
"一生に一度の瞬間"とは、一般的には至福のときを言うが、ここでのシーンは、一生に一度あるかないかの恐怖の瞬間だ。どちらも訴求力の強い映像だ。

Time "Transplanted Hand", "Tornado"/USA
Art Director: Bob Barrie
Copywriter: Dean Buckhorn
Photographer: AP/Wide World Photos
Agency: Fallon/Minneapolis

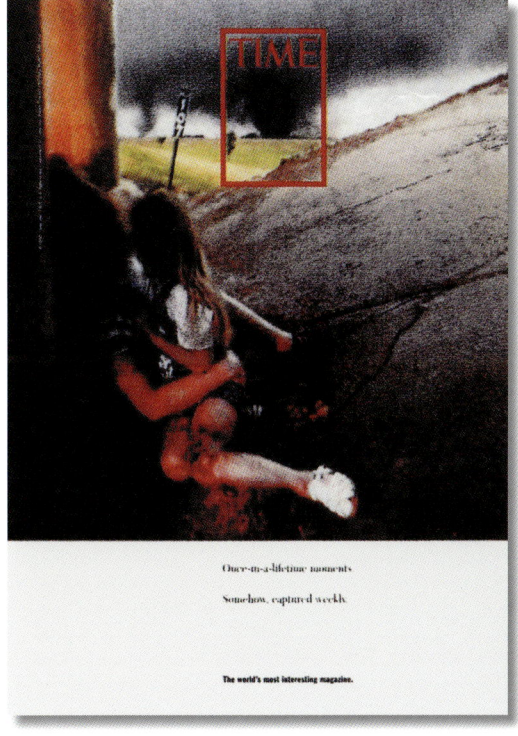

38
『エコノミスト』誌の権威
The Economist/UK

『エコノミスト』は、ご存知のとおり英国の世界的に有名な経済専門誌で、ニュースなどでも"『エコノミスト』によれば…"などと、しばしば引用される権威ある雑誌である。だからその読者層は、きっと高いレベルの知識を持った優れた人たちに違いない。

What's the worst thing to lose as we get older? Our hair, our teeth, our curiosity?

年を取るにつれ、失うものの最悪のケースはなんだろうか？ 髪の毛、歯、それとも好奇心を失うこと？ それには『エコノミスト』を読むことです。

Boredom. 100,000 of your brain cells die every day. Make sure it's not from boredom.
あなたの脳細胞が毎日10万個死んでいる。つまらないことで死んでしまうのはつまらない。『エコノミスト』を読みなさい。

Economist readers welcome.
コピーは、"『エコノミスト』愛読者を歓迎します"。その下に"精子提供者クリニック"とある。優秀な子孫を残したい人たちが、『エコノミスト』の愛読者の精子提供を望んでいる…。なんとも奇抜な筋書きではないか。
『エコノミスト』誌は誇りも高いが、ユーモアもすごい。

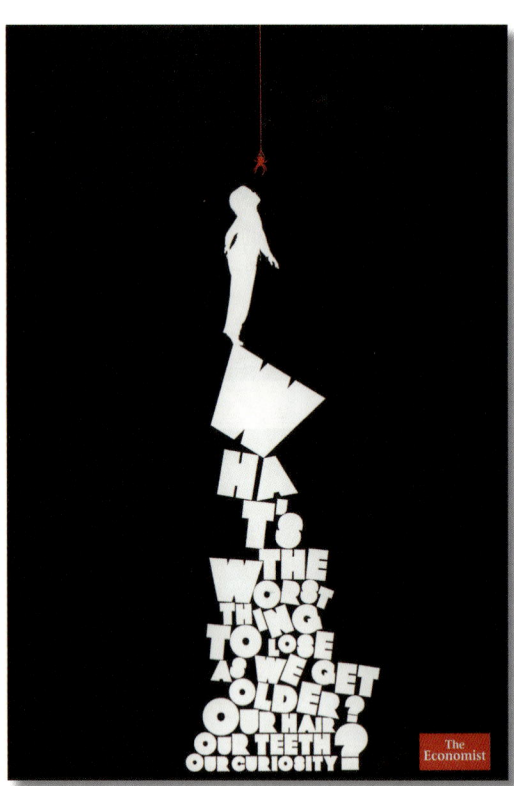

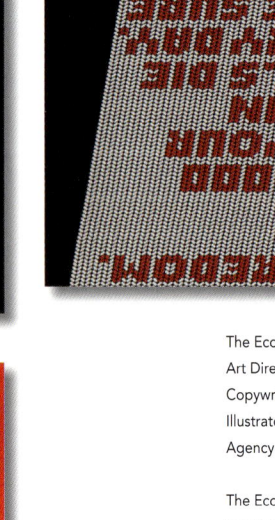

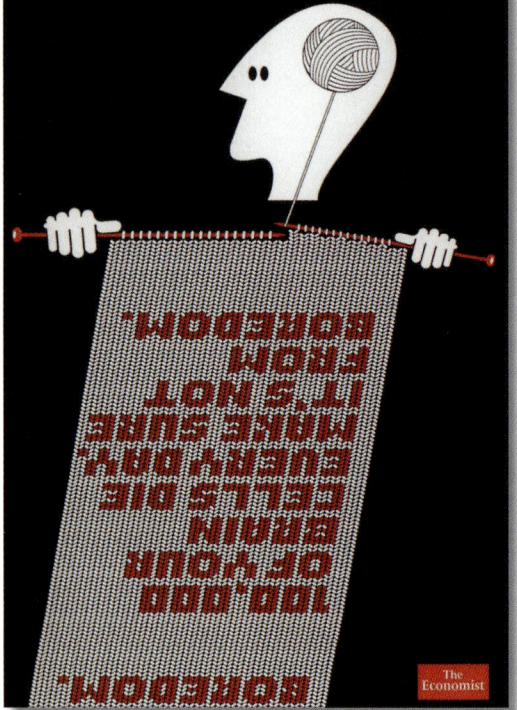

The Economist/UK
Art Director: Paul Cohen
Copywriter: Mark Fairbanks
Illustrator: Non-Format, Mick Marston
Agency: Abbott Mead Vickers BBDO, London

The Economist "Sperm Donor"/UK
Creative Director: Peter Souter
Copywriter: Gideon Todes/Chales Wigley
Art Director: Mike Harris
Typographer: Joe Hoza
Agency: Abbott Mead Vickers BBDO/London
1998年D&AD入選
1998年カンヌ国際広告賞金賞

39
いつも両面を見ている
Veja Magazine/Brazil

3人の顔の絵がある。どれも文字で描かれた顔である。世界平和を訴えながら戦争をしかけるブッシュ元大統領には "peace" と "war"、どこにいるか、その生死すら分からないビン・ラディンには "dead" と "alive"。今は亡きサダム・フセインには "threat（脅し）" と "pretext（口実）"。各人を象徴する文字で描いている。

コピーは、"Get both sides.（両面から見よう）" とあり、公正な目で見ているジャーナリズム『ベジャ』というブラジルの雑誌の広告だ。

Veja Magazine "Bush",
"Bin Laden", "Saddam"/Brazil
Creative Director: Marcello Serpa
Copywriter: Sophie Schoeburg
Art Director: Roberto Bezerra
Agency: Alamap BBDO São Paulo
2004年カンヌ国際広告祭金賞

40
『キャピタル』誌の読者層
Capital/Germany

『キャピタル』は、その名前が示すように、"Fortune"や"Forbes"と同様、会社の重役やビジネスマン向けのドイツの経済誌。だから飛行機や高級車のビジュアルが使用されているのである。また撮影の仕方が"動き"を見せようとしている。機体や車体をぶらし、躍動的な感覚を出そうとしている。これらのビジュアルは、強いインパクトがあり、効果的な印象を与え、アグレッシブなイメージを読者に印象強く伝えている。

そしてそのビジュアルの中に、赤の点線が入れてあり、ヘッドラインの中で"ここからこちら側では、『キャピタル』が読まれています"と説明している。よく見ると"こちら側"は、ファーストクラスであったり、クルマの写真では後部座席を指している。さらにビジュアルの中に人の顔は一切見られない。VIPは人に見られないほうがいいからだ。"BISS"誌の広告が特定の人の写真を必要とする一方で、『キャピタル』のほうは人物の顔なしで、より強い印象を与えている。

さらに、この飛行機や高級車に乗っている人が黒のTシャツを身につけているとは誰も想像しないであろう。今日の経済社会の中で、『キャピタル』の読者は、オピニオンリーダーとして、またデシジョンメーカーとして成功していると言っているのだ。

Capital/Germany
Art Director: Tim Krink
Copywriter: Catrin Rohr
Agency: KNSK, BBDO/Hamburg

L'HOMME/France
Art Director: Sandrine Guinot
Copywriter: Mehdi El Alj
Photographer: Yougo Spiroski
Agency: TBWA/El Ali & Partners/Casablanca

41
女が男になるとき
L'HOMME/France

ちょっとヘンな写真である。1枚目は魅力的な女性が通りすぎて行くのを、ジーッと見ている女性。彼女の表情は、まるで男性のそれである。2枚目は女性の体を、うしろのほうから見入っている女性。その視線はあきらかに男性のエッチな視線である。
3枚目は女性がトイレで用を足している様子。しかしその便器は男性用、彼女の仕草も男性的だ。これはフランスの『ロム』という男性専門誌の広告。女性なのにこれを愛読していたら、すっかり男っぽくなった、というお話。コピーにも"『ロム』を読みすぎると性格に異常をきたす恐れがあります"と。これはタバコの注意書きのような言い方だが、この雑誌なかなか止められない、ということかもしれない。一度、手にとって読んでみたいと思わせるではないか。

42
『フィナンシャル・タイムズ』紙の急ぎ足
The Financial Times/UK

紳士の国、英国の経済新聞『フィナンシャル・タイムズ』の広告。1951年の作品というから、新聞広告の中でも"classic"に入るが、素晴らしいので取り上げた。

英国紳士のシンボルである傘とブリーフケースを持ったビジネスマンが、急ぎ足で歩いている姿を新聞紙で構成している。全体のバックは濃いグリーンで、幾何学的な単純な構成で人物を表現している。人物の体と左足の一直線が画面を2分し、腰のところに真っ赤なブリーフケースを置いている。

見た瞬間、真っ赤なブリーフケースに集まった視線が、傘を通じて"The Financial Times"のロゴに誘導される。またコピーがいい。

men who mean business read
The Financial Times every day
本気でやる男たちが毎日読む新聞
『フィナンシャル・タイムズ』
だからこのビジネスマンは、急いでいるのだ。(注：mean business＝本気でやる、アグレッシブにやる)

The Financial Times/UK
Illustrator: Abram Games
1951年の作品

43
社長の読む新聞
Frankfurter Allgemeine/Germany

飛行機の格納庫。ジャンボ機が一機、整備を受けている。それだけの光景ではない。下のコピーに"『フランクフルター・アルゲマイネ』を読んでいるルフトハンザ航空の社長が見えます"とあるように、翼の上で新聞を広げている人がいる。なぜ、こんな場面を作ったのか、そしてなぜルフトハンザの社長なのか。
ルフトハンザほどの社長となれば、世界の情勢、経済の動向にはつねに目を向けていなければならない。そういう人が読むのは、わが『フランクフルター・アルゲマイネ』紙だと言いたいのだ。この新聞は、ドイツの有力紙で、世界のオピニオンリーダーを自認している。フランクフルトが金融機関の中心地でもあることから、読者も経済界の人たちが多いという。そんな新聞の特色を、飛行機と社長というシンボリックな設定で作った広告である。

Frankfurter Allgemeine/Germany
Art Director: Petra Reichenbach
Copywriter: Sebastian Turner
Agency: Scholz & Friends/Berlin

44
ラジカルな立場から
L'HUMANITÉ/Paris

4枚の絵を見てみよう。機動隊が握っているのは警棒でなくて棒飴。沖合のタンカーから流れてくるのは、油ではなくてアヒルの玩具。銃殺しようと構えている兵士の手には、銃ではなくてトロンボーン。爆撃機から降ってくるのは、爆弾ではなくてクマのぬいぐるみ。そしてコピーは"理想的な世界であったら、『リュマニテ』は存在しなかったでしょう"。

『リュマニテ』はフランス左翼系機関紙。おそらく戦争や、公害、圧制、暴力といった現代の諸問題を取りあげ、市民の側に立ってこれらを糾弾する、といった姿勢の新聞なのだろう。"理想的な世界であったら…"をこんな絵にして、自らの姿勢や役割を世に知らしめようという広告である。

しかし、これらの絵には、不安も描かれている。棒飴やトロンボーンが警棒や銃に持ち替えられ、アヒルやクマが油や爆弾に戻るのも簡単なこと。そんな不安な世界だから、『リュマニテ』は存在しなければいけない、とも言っている。アートディレクターのロフルド氏はこう語っている。「新聞のラジカルな政治的立場を示すため、白黒で作ることにしました。画像処理によってビジュアルに緊迫感を与え、革命や反体制活動に欠かせないローコスト感を出しました。このポスターキャンペーンは、2003年のフランス・アートディレタークラブで最高賞を受賞しました」。

L'HUMANITÉ/Paris
Art Director: Yves Loffredo
Agency: Leg/Paris
2003年フランスADC賞受賞

45
『タイムズ』紙の紙上討論会
THE TIMES/UK

『タイムズ』といえば、世界的に知られているイギリスの新聞。この新聞が、"討論会に参加しよう"と呼びかけている。世の中の出来事を伝えたり論評したりするのは新聞の役目だが、これに読者を迎えてディベートの輪を広げようというもの。

タランティーノは偉大な監督か？
タランティーノは偉大な嘘つきか？
という相反する質問をしている。
クエンティン・タランティーノは1992年『レザボア・ドッグス』という作品で鮮烈なデビューを飾り、『パルプ・フィクション』でカンヌ映画祭のパルム・ドール（グランプリ）、アカデミー賞の脚本賞を受賞し、映画界の奇才と言われている。しかし消息不明になったり、不可解な発言をしたりしたこともあって、作品の質に異を唱える人も多い。そんなことから議論のテーマとなったのだ。

EU経済はアメリカより強くなるか。
EUはヨーロッパ最強の経済を破壊するか。
という、明と暗の意見。ヨーロッパの国々が一つにまとまってより強い地域になることを目指すのがEUだが、実際は必ずしもうまくいっていることばかりではないようだ。特に経済面では、強力なアメリカに対抗するための一致団結なのだが、はからずも、ヨーロッパ最強のイギリス経済を破壊することにならないかという心配もあるようだ。さあ、あなたはどちらの意見だろうか。

この問題をみんなで討論しよう、と広告は言っている。そして『タイムズ』への関心を高めようという広告である。

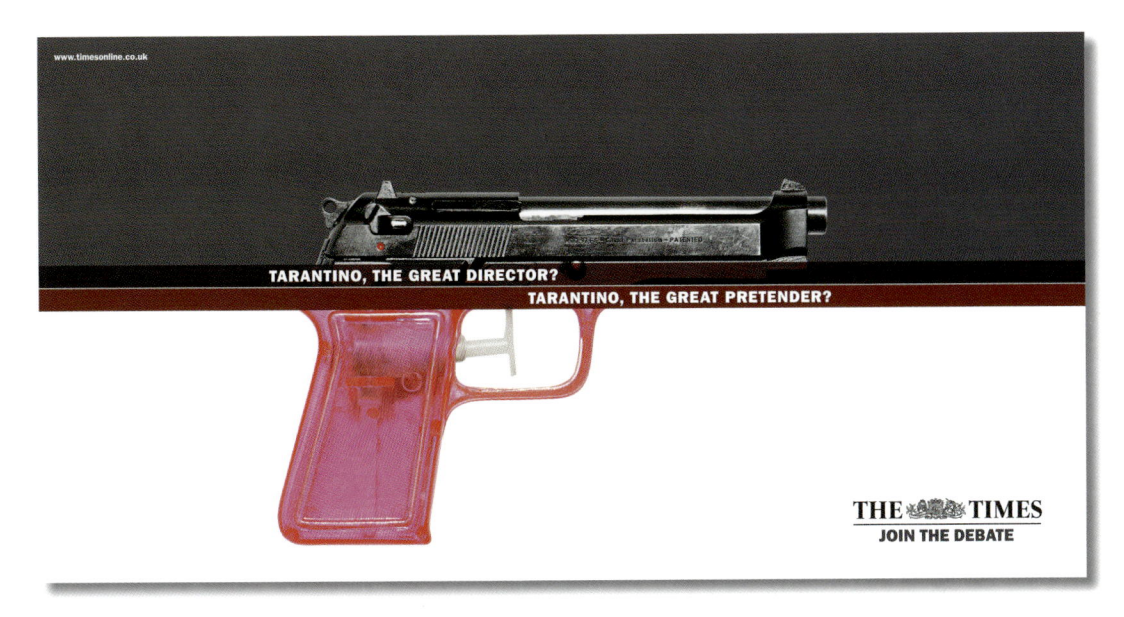

THE TIMES/UK
Art Director: Jerry Hollens
Copywriter: Mike Boles
Photographer: James Day
Agency: Rainey Kelly Campbell Roalfe/Y&R, London

46
『ゾーンタークス・ツァイトゥング』紙の針
The SonntagsZeitung/Switzerland

プロテニス界の女王ビーナス・ウィリアムズ。ダベンポート選手の強力なサーブとストロークに悩まされ、のどから手が出るほど欲しい女王の地位がライバルのダベンポートによって阻まれていた時の写真。コピーは
Find out who's at the top of women's tennis. But also how opponents are stabbed in the back. Read The SonntagsZeitung.
女子テニスプレイヤーのトップは誰だか知りましょう。ライバルたちを後ろで突き刺している。ゾーンタークス・ツァイトゥングをお読み下さい。

神父さんが教会の中で、仲良く手をつないで歩いている。
Find out how charitable the Church is. But also what else it means to "love thy neighbour" Read The SonntagsZeitung.
教会がいかに寛大であるか発見しましょう。しかし"汝の隣人を愛せよ"というのは他の意味でした。ゾーンタークス・ツァイトゥングをお読み下さい。

この日曜新聞は、スイスのドイツ語圏向けに発行されているもので、調査報道に基づくバックグラウンド情報を備えた、読みごたえのあるメッセージを掲載している。正面からだけでは伝わってこない問題を紹介し、幅広い層に支持されている新聞である。

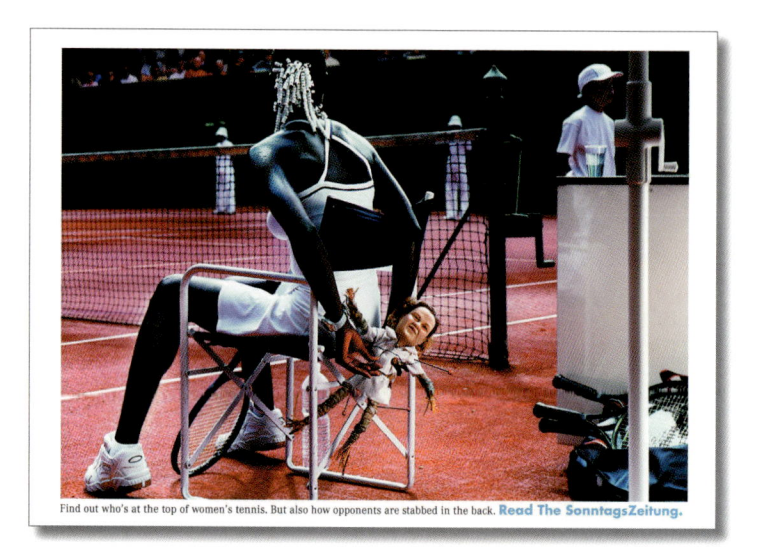

Find out who's at the top of women's tennis. But also how opponents are stabbed in the back. Read The SonntagsZeitung.

Find out how charitable the Church is. But also what else it means to "love thy neighbour". Read The SonntagsZeitung.

The SonntagsZeitung/Switzerland
Creative Director: Urs Schrepfer
Copywriter: Alain Picard
Art Director: Mathias Babst
Photographer: Pier-Luigi Macor/Paris
Agency: Advico Young & Rubicam/Zurich
2001年ニューヨークフェスティバル銀賞

47
『ガーディアン』紙のポリシー
The Guardian/UK

イギリスの有名な新聞、『ガーディアン』のWebサイトの広告。最初の広告は"意見と事実を分けて話しなさい"、2つ目は、"『ガーディアン』には特別なオーナーはいないし、何を言っても自由です"、3つ目は"多くを聞いてあなた自身で判断しなさい"、最後は"毎日大きな声でどなる必要はない"という意味だ。新聞の持つ社会的な使命のファクターをソフトな色彩で分かりやすく表現している。文字、矢印、マウスの使い方や、表現パターン、紙面の使い方がうまい。新聞の企業広告としては、非常にユニークで目立っており、優れていると言えるだろう。

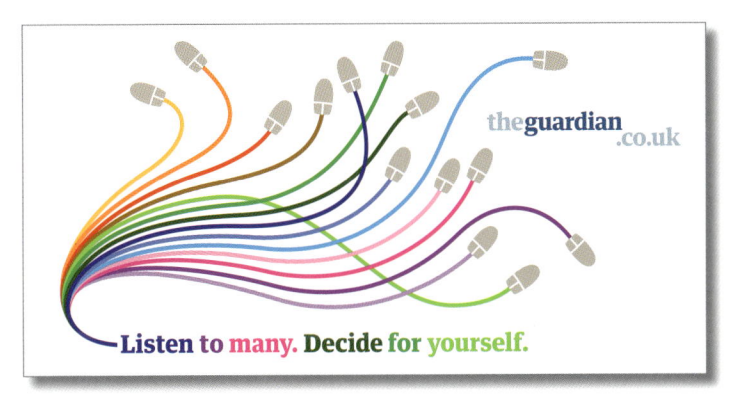

The Guardian/UK
Creative Director: Tony Davidson, Kim Papworth
Art Director: Marc Shillum, Ian Perkins
Copywriter: Michael Russoff, Sophie Bodoh
Agency: Wieden+Kennedy/London

Chapter 6
広告の言葉あそび

言葉遣いの面白さ

読者の注意を引くために、よく使われる手法の一つに"言葉あそび"がある。なかでも、駄洒落、語呂合わせ、ダブルミーニング、同音異義語などがよくお目にかかる。これらのほかに、日本では聞きなれない言葉だが、"頭音転換(spoonerism)"という手法がある。"頭音転換"とは、2つ以上の語の頭音、または他の音を偶然に誤って転換することをいう。例えば"I forgot my keys.(私は鍵を忘れた)"を頭音転換すると、"I korgot my feys."とfとkが入れ替わっている。こうすることによって、この文を見た人に"あれ、正しい文章は何だろう"と考えさせ、関心を引く効果がある、というものだ。

ここでは言葉の使い方の面白さで読者の関心を引く広告を紹介しよう。

48, 49, 50, 51, 52, 53

ダブルミーニングの面白さ

イギリスのワンダーブラの広告にこんなものがあった。コピーは"Pull yourself together". これは慣用表現で、"驚きやショックなどから自分を取り戻す"ことを意味している。

この広告は、美女の美しいバストを見てボーっとしている男性に"しっかりしろよ"と言い、その一方で、女性に"2つの乳房を引き寄せて(pull together)いい形にしなさい"と言っている。一つの言葉で男性と女性に訴えかけているところが巧妙で面白いのだ。

アンドレ・アガシ(アメリカの元プロテニス選手)が1999年のUSオープンのチャンピオンになったとき、優勝を祝ってキヤノンが『ニューヨーク・タイムズ』に広告を出した。試合終了を告げる審判の"Game set and match for Mr. Agassi."をもじって、"Game Set. Matchless(ゲームセット。無敵)"と、比類のないキヤノンSLRの広告を掲載し、話題を呼んだ。

54, 55, 56, 57, 58

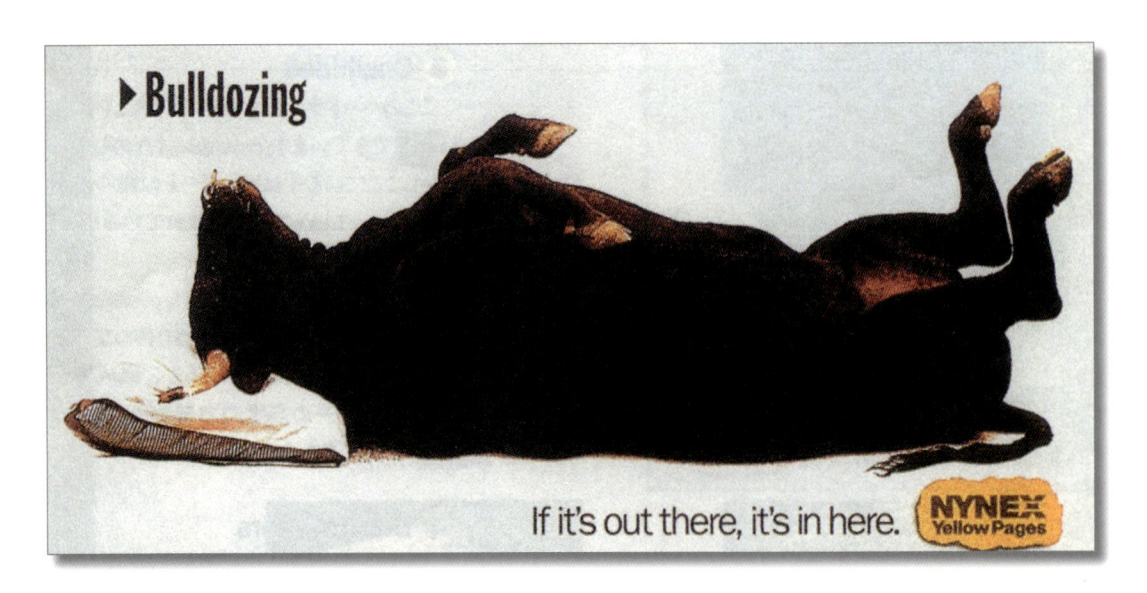

▶ Bulldozing

If it's out there, it's in here. NYNEX Yellow Pages

▶ Cowhides

If it's out there, it's in here. NYNEX Yellow Pages

NYNEX Yellow Pages/USA
Creative Director: Jay Chiat
Art Director: Cabell Harris
Photographer: Rick Dublin
Agency: NYNEX Information Resources
1992年ニューヨークADC 入選

48

電話帳のあそび
NYNEX Yellow Pages/USA

"NYNEX Yellow Pages"とは、ニューヨークの電話帳のこと。
If it's out there, it's in here.
もし世の中に出ていれば、この中にあります。
これがこの広告のメッセージ。トリックとして読者の注意を引くヘッドラインがあり、そのヘッドラインと全く異なったビジュアルがある。ヘッドラインはそれぞれの電話帳に載っている言葉(業種名)だが、もう一つの意味が語呂合わせになっている。

Bulldozing
"bull"は"雄牛"、"dozing"は"居眠り、うたた寝"という意味。このポスターの牛は、ちょっと眠いので枕をして居眠りしている。"bulldozing"は、ブルドーザー(bulldozer)を使って土を運んだり地ならしすること。ヘッドラインは、この2つの意味をかけている。

Cowhides
これは"bull"の広告と同じ語呂合わせ。"cowhides"は、なめした牛皮のこと。しかし牛はビルボードの後ろに隠れている。つまり"cow hides"で、牛が隠れているという語呂合わせである。

Hair Tinting
今度は聴覚からくる語呂合わせ。髪の"hair"と野ウサギの"hare"は綴りは違うが、発音は同じ。"tinting"は色を染めること。髪を染めたいなら、毛皮のコートを染めたいと思っているなら"NYNEX Yellow Pages"をご覧下さい、という意味だ。

49
地名の言葉あそび
Air Canada/Canada

言葉あそびはどこの国でもある。広告にもしばしば使われる。このエア・カナダの広告もその一例。"Ottawow" とあるのは、"Ottawa" の語尾を変えたもの。"wow" は驚きや喜びを表す "ワー!" とか "ヤー!" という意味だから、言わんとすることがよく分かる。"Chicago" はそのままだが "go" が赤くなっているから、ここにシャレがあるのだ。"それ行け、さあ行こう、シカゴ" というようなことだろう。オタワとシカゴへの直行便を始めたことを伝えるエア・カナダの広告である。

同じ言葉あそびでも2ワードものの語呂合わせ。"Toronto. Pronto.（急いでトロントへ）" は、1日7便、ウィニペグ－トロント間片道129ドルのフライト紹介。もう一つは "San Francisco" に "fantastic" を足した造語で、エドモントン－サンフランシスコ間往復349ドルのフライト紹介の広告。サンフランシスコと "素晴らしい" とをかけている。

Air Canada/Canada
Creative Director: Leon Berger
Copywriter: Andrew Morgan
Art Director: David Junkin
Agency: Marketel Montreal, Canada
2001年 ニューヨークフェスティバル銀賞

50
ITさがし
ICL/Sweden

ICLは情報システムを提供するスウェーデンの会社であるが、知名度アップのためにシリーズ広告を始めた。

OPPORTUN　Y
明らかに何かが足りない。ちょっと英語をやった方ならNとYのあいだにITを補って、OPPORTUNITYという単語を探し当てるであろう。この言葉は「良い機会、好機、チャンス」といった意味を持っているので、この単語をあえて選んだ理由は、おそらく、「ICLのITシステムは皆様のビジネスに新しいチャンスをもたらしますよ」という意図があると思われる。
もう一つ、このビジュアルが示唆していることは、差別を受けやすい障害を持っている人々や、さまざまな少数民族が、ICLで働く機会を与えられますよ、というメッセージである。

ICL that's IT
ICL、求めていたのはまさにこれです。"That's it."とは、会話でよく使う表現で、「まさにその通り」という意味。「我々が望んでいる会社は、ICLそのものだ」という意味と、「OPPORTUN Yで落ちていた文字はITですよ」の2つの意味をかけている。

AVAILAB LI Y
2つ目の広告にもIとTが抜けている単語が書かれている。AVAILABILITYは「利用できること、役に立つこと、有用性」という意味。この言葉を選択した意図は、「お客様のビジネスにいつでもお役に立つよう、ICLのITシステムはお手伝いします」ということであろう。
人目を引き、よく考えて作られた広告である。

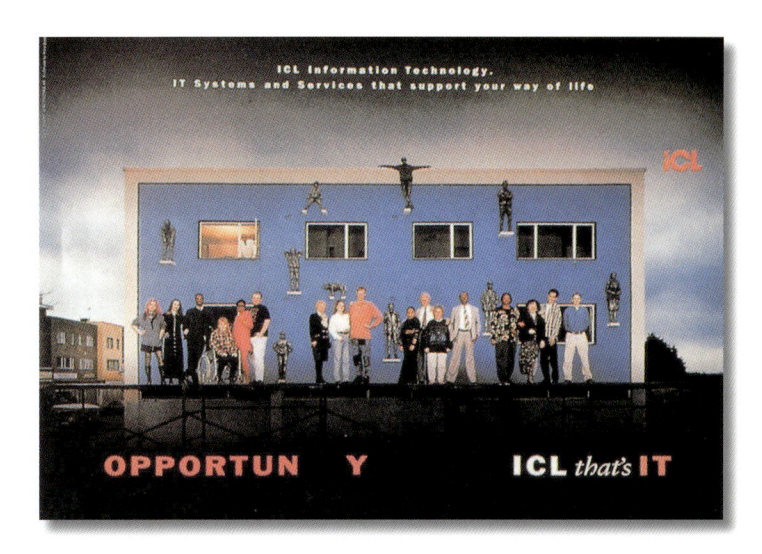

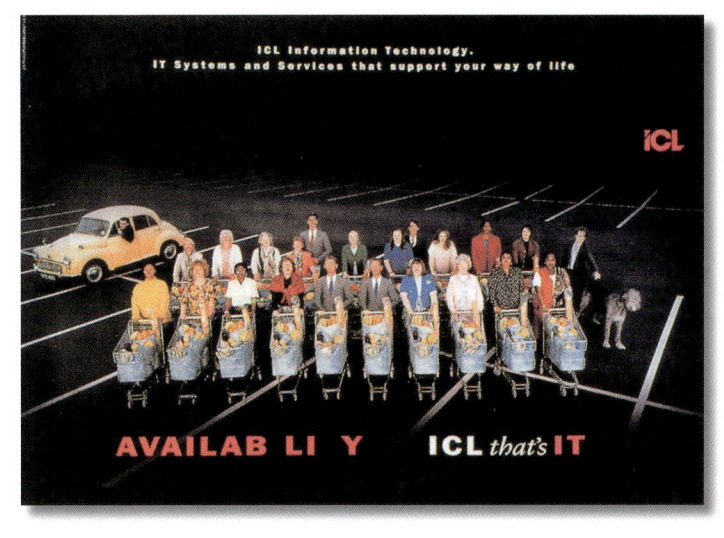

ICL Information Technology/Sweden
Art Director: Jerker Belvert
Copywriter: Ake Borgudd
Photographer: Jorgen Reimer
Agency: Cappuccino/Stockholm

51
愛のための心得
Minnesota AIDS Project/USA

Roll-on
ミネソタ・エイズ・プロジェクトのシリーズ広告は巻き取ったコンドームのビジュアルを使用、最初のヘッドラインは次のように言っている。
You need a roll-on with maximum protection.
最大の予防をしてくれるロール・オンが必要です。
ロール・オンと言えば、普通は小さいデオドラントの瓶の先についている球体を指す。その球体を回転させることによって、球の表面についた液体を身体につけるのだ。
デオドラントの売り文句といえば、"いやな匂いや不快な汗からの最大限の予防 (maximum protection)"。それをエイズの予防とかけている。
ヘッドラインの "roll-on" は丸められたコンドームを示し、コンドームは丸まった部分を回転させながらペニスに装着させることを意味している。"roll-on" と "maximum protection" はデオドラントの広告でおなじみのコピー、それを拝借してエイズ予防に使用し、受け入れやすくしたパロディー広告だ。

Wrapped Properly
When you give the gift of love, make sure it's wrapped properly.
愛の贈り物をする時は、必ずきっちりと包まれているかどうか確認しましょう。
このコピーは、贈り物は文字通り "きっちりと包みましょう" と単純明快。真のメッセージは "セックスをする時は必ずコンドームを使いましょう" と言いたいのだ。
"properly" は "適切に、正しく" という意味である。望まない妊娠を防ぐというマナーの問題と同時にエイズの予防をするという倫理的、道徳的にも正しい、という2つの意味合いだ。
"give the gift of love" という言葉は、セックスの行為を "愛の贈り物" と、読者に受け入れやすいように、美しく表現している。

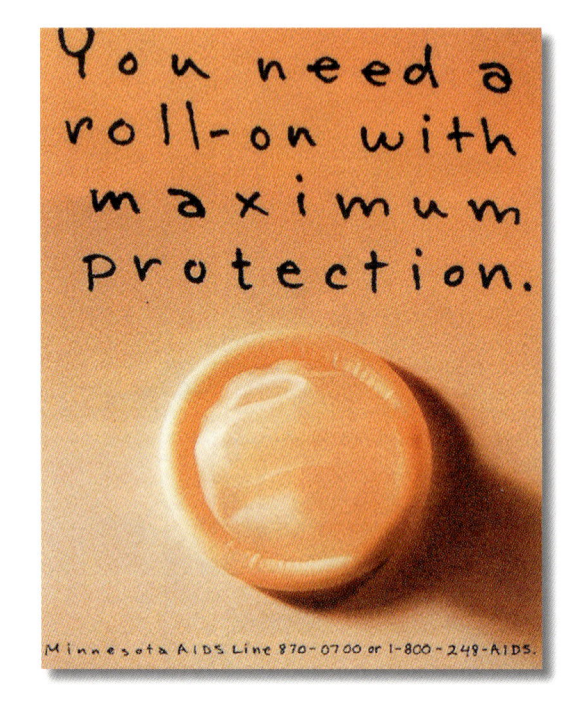

Minnesota AIDS Project/USA
Art Director: Wayne Thompson
Copywriter: Tom Kelly
Photographer: Peter Wong
Agency: Martine/Williams
1994年ニューヨークADC入選

52
泥棒の教え
Metropolitan Police/UK

ロンドン警視庁のシリーズ広告では、男の顔にぼかしがかかっている。実在の人物なので身元を隠しているのだ。TVのドキュメンタリーを見ているように、事実を聞かされているという感じだ。

Leave the key under the mat and I'll let myself in.
鍵をマットの下に隠しておきなさい。そうすれば、私が中に入れますから。親の留守中に帰宅する子供のために、玄関マットの下に家の鍵を隠している家庭がある。そんなことをすると、泥棒も簡単に家に入れますよ、というメッセージだ。"Take it from a burglar.（泥棒を信じなさい）" とは、泥棒は盗みの権威なのでアドバイスを信じなさいという意味。

Last Christmas I got presents from all my neighbours.
去年のクリスマス、私は隣人のすべてからプレゼントを頂きました。もし玄関や窓の鍵をきちっとかけないで出かけたら、泥棒はあなたの家からプレゼントをもらうことができるだろう、という意味。特に多くの人たちが旅行に出かける休暇の間などは、しっかり施錠をするべきだ。

この広告を面白くしているのは、一つは、警察官ではなく、いかにも泥棒本人からのアドバイスと感じさせている点である。そしてもう一つは、普段は信じてはいけない泥棒を信じなさいと言っている点だ。どちらの広告もタイプフェイスを変えて、泥棒のキャラクターを分けており、目、鼻、口にかけたモザイクが、キャラクターを印象づけている。

Metropolitan Police Campaign/UK
Art Director: Vanessa Rosser
Copywriter: Michael Campbell, Ian Pearson
Photographer: John Claridge
Typographer: Beaker
Agency: Saatchi & Saatchi/London
1996年 D&AD 入選

53
電飾文字の怪
Novena Lighting/Singapore

近年、街やビルディングをライトアップして、美しく見せている。夜空に浮かび上がった横浜ベイブリッジや東京ディズニーランドなど、ロマンチックで美しい。そんな美しい建物も、ちょっとした不注意で逆効果を招くことがある。お店のイルミネーションや電飾の文字がいくつか切れていて、哀れな状態になっているのをご覧になったことがあるだろう。これらの広告は、意図した最初の計画とは異なった意味で伝えられるケースを特集したもので、そのほとんどがある種のわいせつな意味に変わっているので驚きである。

PUBLIC LIBRARY
公立図書館
"PUBIC LIBRARY" と "L" が欠けると、"陰毛の図書館" になってしまう。公共図書館がとんだ図書館に？

SWANK FASHION
気取ったファッション
"SWANK FASHION" の "S" が消えれば "WANK FASHION（オナニーファッション）"。これは一体何のことだろう？ 言葉は本当におそろしい。

DYNASTY HOTEL
王朝ホテル
"DYNASTY（王朝）" の "DY" が消えて "NASTY HOTEL" になると、"不潔なホテル" に。これではお客さんに敬遠される。

ANGUS STEAKHOUSE
アンガス牛のステーキハウス
スコットランド原産の牛を使った "ANGUS STEAKHOUSE（アンガス牛のステーキハウス）" が、"ANUS STEAKHOUSE（肛門のステーキハウス）" に。こんなレストランに食事に行く物好きな人はいるだろうか？

RANGOON RESTAURANT
ラングーン・レストラン
ラングーンはビルマ（現ミャンマー）の首都。この "RAN" の電球が消えて "GOON RESTAURANT" となったら…おいしいビルマ料理のレストランも、たちまち "まぬけなレストラン" に早変わりしてしまう。

そして共通のヘッドラインは、"Time to switch to Toshiba Professional Lighting.（東芝の照明のプロフェッショナルに切り替える時です）" と言っている。ヘッドラインは少々地味だが、このコンセプトの強みは、電球が切れて当初考えた言葉の意味が伝わらず、逆に致命的な印象を与えてしまい、その結果、痛手をこうむったクライアントに、二度

とこのような失敗がないよう、東芝のプロフェッショナル・スタッフに任せなさい、と訴求している点だ。

「このキャンペーンの狙いは、東芝ブランドの知名度を上げること。そして競合メーカーを抑え、東芝の売上げをダントツ1位にすることでした。そこで、ユーモアを取り入れることによって印象的にしようと心がけました。3ヵ月掲載することによって東芝ブランドNovenaの照明機器の売上げは22%アップ、新たに3ヵ月地方紙や業界紙に掲載されると、売上げは更に9%アップし、最初の9ヵ月間で31%増加しました。この広告はカンヌやアメリカのワンショー (The One Show) で広告賞を受賞しました」とクリエイティブ・ディレクターのマイケル・フロモビッツ氏は語ってくれた。

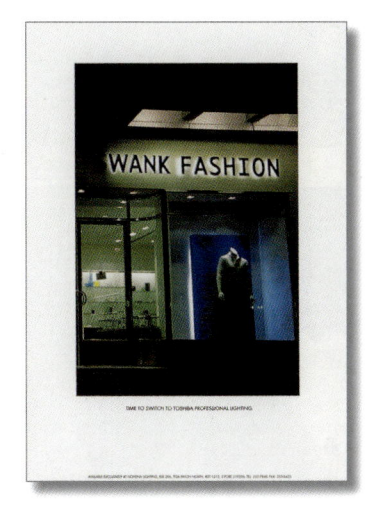

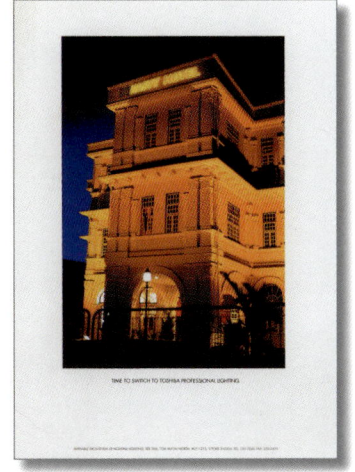

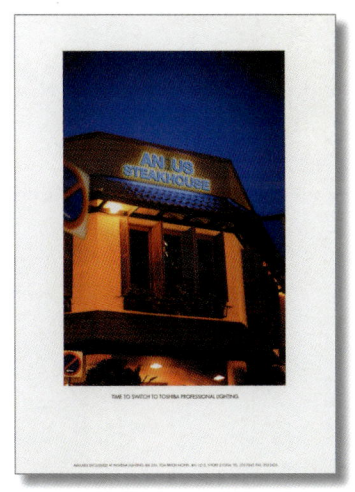

Novena Lighting/Singapore
Creative Director: Michael Fromowitz
Art Director: Gregory Yeo
Copywriter: Justin Lim
Photographer: Eric Seow,
Thinman's Workshop, Yo Yo Studio
Agency: TBWA/Singapore
1999年カンヌ国際広告祭銀賞

54
麻薬の恐ろしさを子供たちに
Anti-Drug Campaign/Singapore

このキャンペーンは麻薬の危険性について、両親と子供たちに認識させるために作られたもので、子供たちに分かりやすいようにマザーグースふうにいろいろな動物を使って、麻薬の恐ろしさを教えている。

サンはベッドで寝ることが好きな幸せなクマでした。ある日、サンは少しばかりのヘロインを吸いました。そして死んでしまったのです。

カメレオンのフィオナはどこででも自分の色を変えることができます。しかし、エクスタシー（ドラッグの名前）を飲んでしまったので、彼女の華やかな生涯は終わってしまいました。

ネズミのリックはある日、ドラッグに手を出しました。警官は素早く彼を捕まえて、連れて行ってしまいました。

めんどりのジョアンはマドンナのように歌いたかった。しかし、彼女はヘロインを吸って駄目な人になってしまいました。

ネコのナッシュは素晴らしい頭脳を持っていました。ヘロインが彼の脳にいくと、素晴らしい頭もいかれてしまいました。

Anti-Drug Campaign/Singapore
Art Director: Theseus Chan/Evonne NG
Copywriter: Jim Aitchison/Jean Angus
Illustrator: Theseus Chan/Evonne NG
Agency: Work/Singapore

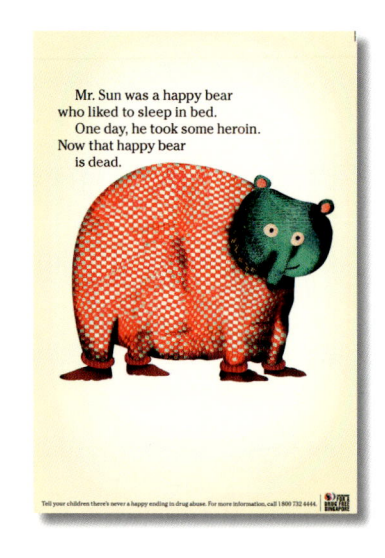

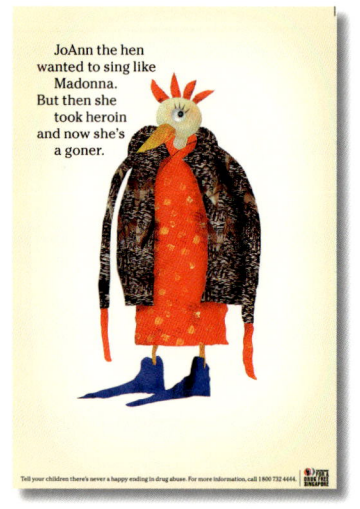

55
刑務所直営店
The Prison Store/USA

アメリカの刑務所の中には、囚人にいろいろな作業をさせ、刑務所が経営する店で販売している。この2つの広告は刑務所直営店の広告で、質素な広告であるが、テクニックは巧妙で、ダブルミーニングを利用している。

Our prices are almost
a license to steal but we wouldn't
recommend it.
私どもの価格は、盗んでもよいような安さですが、盗むことはお薦めいたしません。
"a license to steal" とは、合法的な商業活動で、ほぼ確実に利益を上げていることをいう。

We'll gladly take your cash,
check or credit card. In fact,
that's how some of us got here.
我々は喜んであなた方の現金、小切手、クレジットカードを受け取ります。実際にそうやってここに入ってきた人もいるのです。
このヘッドラインは "take" という単語のダブルミーニングがポイント。買い物の時店員に "Do you take credit cards?" と言うと、「クレジットカードで支払が出来ますか?」という意味。"take" にはまた "盗む" という意味もある。この2つの意味を上手に使って、刑務所の直売店ではクレジットカードを喜んで受け取ることと、囚人の中には他人のお金やクレジットカードを盗んで (take) 刑務所に入ってきた人もいることを伝えるユーモアなのである。

The Prison Store/USA
Art Director: Jamie Mambro
Copywriter: Al Lowe
Agency: Hill Holiday Connors Cosmopulos/Boston
1994年カンヌ国際広告祭銀賞

56
あまりにも心地よいので…
Virgin Atlantic/South Africa

VirginAtlanticのUpper Class Suiteのシートがあまりにも心地よいので、映画を見ているうちに、あなたはもう夢の中です、という広告。それをイラストで表現している。それぞれの左下のコピーは、映画の最中にウトウト、フルフラットのシートが保証します、という意味。

映画は、『風と共に去りぬ』、『ロード・オブ・ザ・リング』、『ゴッドファーザー』と、どれも有名な映画。冒頭の数行からあとは、文字も乱れてすべて「夢の中」となる。

風と共に去りぬ
As Rhett is about to leave he turns to Scarlett and says "Frankly my dear, I don't give a BANANA."
レットは出て行きざまにスカーレットを振り返り、こう言った。「正直、おれにはもう、バナナなのだ」。
本当のセリフは、Frankly my dear, I don't give a DAMN.「正直、おれにはもう、どうでもいいことなのだ」。

ロード・オブ・ザ・リング
Gollum tries to get the ring from Frodo, hissing "my preciousssssss!"
ゴラムは、「わしの宝物!」と怒りをこめてつぶやきながら、フロドから指輪を奪い取ろうとする。

ゴッドファーザー
Johnny says "What are you gonna do?" And Don Corleone says "I'm gonna make him a SPONGE CAKE he can't refuse."
ジョニーが言う。「どうするつもり?」。ドン・コルレオーネは答える。「おれは奴が断れないスポンジケーキを作ってやる」。
本当のセリフは、I'll make him an OFFER he can't refuse.「おれは奴が断れないオファーを突きつけてやる」。

Virgin Atlantic/South Africa
Chief Creative Officer: Mike Schalit
Executive Creative Director: Julian Watt
Art Director: Mariana O'Kelly
Copywriter: Cary Du Toit
Illustrator & Typographer: Ree Treweek/Matthew Green/Paul Bower
Agency: Network BBDO, Hyde Park, Johannesburg, South Africa

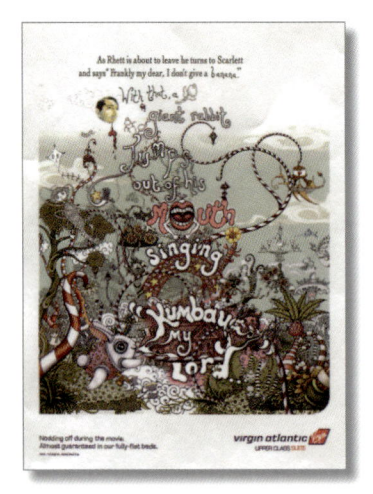

57
煙突掃除屋さんの知恵
St. Peters Chimney Sweep/USA

日本では最近お目にかかれない職業、煙突掃除屋さんの広告。

Now offering free internal exams.
いま、煙突の内部を無料で診察いたします。
"internal exams" とは、医学用語で内臓の診察。それを煙突にかけている。"毎回暖炉に火をつけると、クレオソートとススが煙突にたまります。危険な火事のもとになります" とサブコピー。

Flue season is here.
煙突掃除のシーズンがきました。
"flue" は "influenza" の略で、"flue season" で "インフルエンザの季節"。"flue" には "煙突の内部（管）" という意味もあるので、"煙突掃除の季節" でもあるのだ。石炭を燃やすと出来るのがクレオソート、そのクレオソートとススがたまり、煙突づまり（congestion）の原因になる。"congestion" はインフルエンザの時の鼻づまりのこと。

Remember to brush twice yearly.
"brush twice a day" は "1日に2回歯を磨きなさい" という意味だから、"年に2回煙突掃除を忘れずに" ということ。サブコピーの "regular brushing" は、規則的に歯を磨くことを誰でも連想する。そこが狙い。
"プロによる定期的なブラッシングで、煙突にたまったクレオソートとススを取り除き、火事を防いでください" と。

この広告を作ったエリック・レビスさんとコリン・ミッチェルさんは、広告代理店勤めの息抜きのためにアルバイトで作ったとのこと。クライアントは友人の煙突掃除のおじさん。本職は消防士。オフのとき小遣いかせぎに煙突掃除をしている。「煙突掃除というのは現代では非常にユニークな職種なので、ぜひ広告が必要だとエリックさんは思った。このような仕事はうるさいクライアントもおらず、自分たちだけで進められる。会社で嫌なことがたくさんあるけれど、仕事が終われば家で私の帰りを待っているマッキントッシュとプリンターで楽しい仕事をするのだ」。
いかにも楽しみながら作った広告だ。ススで汚れた指紋がついているのが印象的。

St. Peters Chimney Sweep/USA
Art Director: Eric Reveis
Copywriter: Corinne Mitchell
Agency: Reveis, Mitchell & Mac/St. Louis

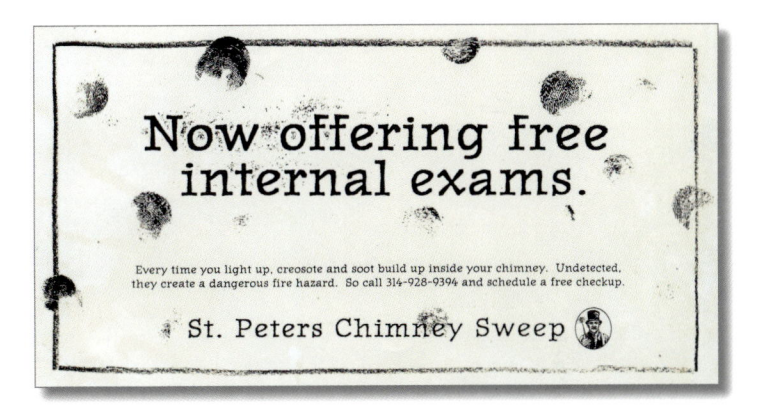

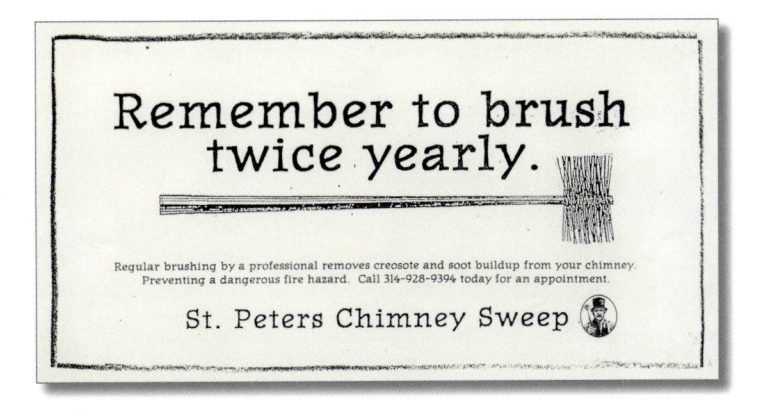

58
新聞社の新聞広告
Tallahassee Democrat/USA

最初の広告は、画面中央に紙がなくなったペーパーホルダー。そしてコピーは、"It's Time To Change The Paper.（今、紙の取り換え時です）"。誰もがトイレット・ペーパーの広告だと思う。これは、驚くなかれ、新聞社の広告である。"paper"を辞書で引くと、"紙、新聞、資料、紙幣、論説、…"とある。この場合は紙とか新聞を指す。"Did you see the paper today?"は"今日の新聞お読みになりましたか"となるし、"paperboy"といえば、新聞配達の少年のこと。この広告の意味は、むしろ"It's time to change (the format of) the newspaper.（新聞のフォーマットを変える時期になりました）"という編集面でのリニューアル広告なのだ。

次は、この赤ちゃん、笑っているところをみると、オムツを換えてもらってご機嫌な様子。コピーは"We All Appreciate A Good Change.（誰でもみんな良くなることに感謝しています）"。
"scream"は、欲しがる、要求するために叫ぶこと。サブコピーの"If you've been screaming for a change"はダブルミーニングで、
イ) オムツを換えてと泣いたら…
ロ) 紙面を変えてとあなたが言ったら…
4月14日から、『タラハシー・デモクラット』は、あなたの顔に微笑を与えます（赤ちゃんが汚れたオムツを取り換えてもらった時のように）。

It's Time To Change The Paper.
If you'd like something new when you reach for the paper, starting April 14th the Tallahassee Democrat takes on a whole new role.

3つ目の広告は、画面中央にパンクしたタイヤ。英語では"flat tire（平らになったタイヤ）"と言うが、日本語で言う"パンク"は、"刺すこと、穴を開けること"という意味の"puncture"からの外来語である。空気圧が少ないものも、日本語ではパンクと言うが、英語の"flat tire"のほうが理にかなっている。"flat"には他に"The beer is flat.（気の抜けたビール、味がないビール）"の"気の抜けた"とか、"面白くない"という意味もある。

We're Not Reinventing The Wheel, We're Just Making A Change.
我々は車輪を再発明するのではなく、変化を求めています。
車輪を再発明するとは、無駄な発明や活動を意味する。車輪はすでに発明されているので、もう一度発明するなんて意味のない話だ。

If your newspaper's been a little flat, starting April 14th the Tallahassee Democrat will pump you up.
もし、あなたの新聞がつまらなくなったら、4月14日から、『タラハシー・デモクラット』は、あなたをエキサイトさせます。
"pump up"はダブルミーニングで、タイヤの場合は"空気を入れる"。人の場合は、"エキサイトさせる"の意味。

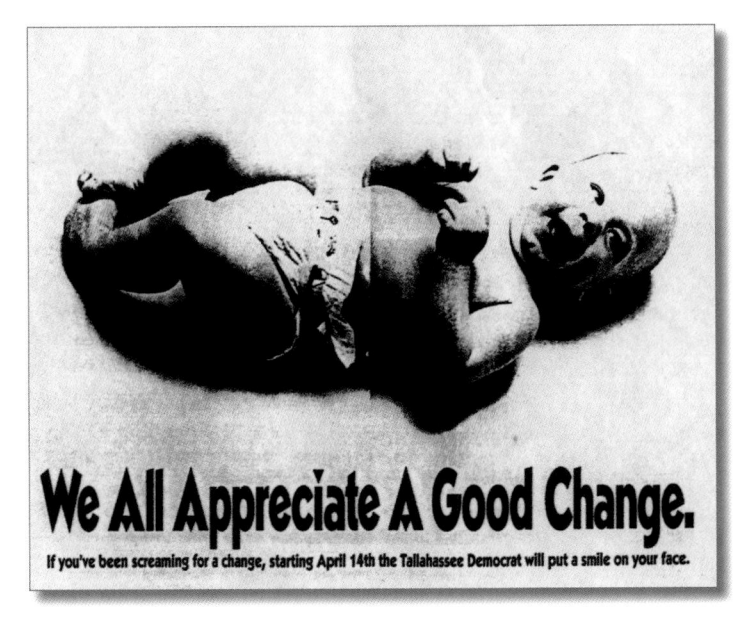

We All Appreciate A Good Change.
If you've been screaming for a change, starting April 14th the Tallahassee Democrat will put a smile on your face.

We're Not Reinventing The Wheel, We're Just Making A Change.
If your newspaper's been a little flat, starting April 14th the Tallahassee Democrat will pump you up.

Chapter 7
考えさせる広告（コピーのない広告）

広告は多くの場合、ビジュアルとコピーで作られている。目に見せることと読ませることの両方を使えば、伝達がうまくいくからである。ところが時にはビジュアルが、あるいはコピーがない広告もあるのだ。1990年代後半のころからは、コピーのない広告をしばしば見かけるようになった。なぜだろうか。考えて分からなければ、人に聞く。聞いて分かれば人に教えたくなる。とすると、1対1の広告が1対2、1対3になり、媒体価値が高まっていくからだ。作り手もそれを計算して、ひとひねり、ふたひねりして広告を作る。やっと分かった広告はいつまでも印象に残るのだ。

59
ありんこ
Fritz Hansen/Denmark

椅子の並べ方がいい。夕日をバックに斜面を利用したシルエットが椅子をいろいろな角度から見せてくれるので、蟻の歩きを強調するために並べたり、一脚でフォルムを美しく見せるよりも、むしろ多角的にデザインの良さを見せてくれる。
蟻の目線でローアングルから撮影しているのもいい。夕焼けも、ちょっと作った感じがあるが、上手な合成はどちらとも分からないように仕上げている。それが技だ。この椅子は、しぼった腰のラインと細長い足が蟻に似ているので、"ありんこ（Ant）"の愛称で世界中で親しまれている。アルネ・ヤコブセンの代表作。緻密に仕上げている。椅子のデザインと同様に、広告のデザインもすばらしい。

Fritz Hansen "Ant"/Denmark
Art Director: Peter Wibroe
Copywriter: Peter Wibroe
Agency: Wibroe Duckert & Partners/Copenhagen
1994年EPICA賞受賞

60
蚊が支える腕時計
Swatch/Chile

一匹の蚊が、この広告を支えている。毛むくじゃらの手首に、一匹の蚊がとまっている図は、なかなか迫力がある。手首のクローズアップだから、時計もおのずからアップで見られる。スウォッチ社の"スキン"という名の超薄型の時計。そこに蚊が止まって刺しているのもスキン（皮膚）、というシャレなのだろう。ベルトの部分が透明になっているデザインを強調する役目もはたしている。

また蚊には、時計のサイズの小ささを感じさせる役割もあたえられているのではないだろうか。ちょっと大き目の蚊が起用されているようにも思えるが、誇張の仕方として許せる。

蚊と時計。これは珍しい組み合わせだ。見た瞬間ハッとさせる力があり、いつまでも印象に残る。

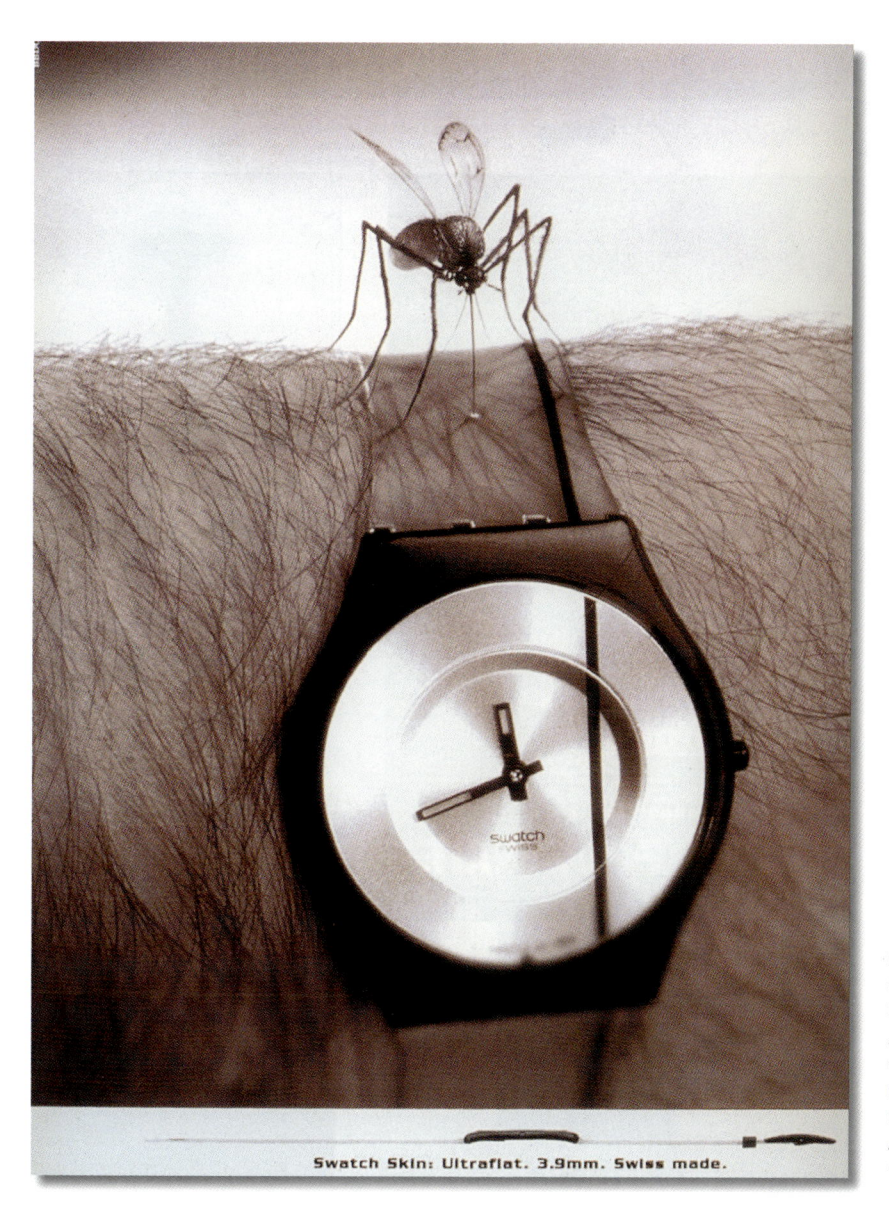

Swatch "Mosquito"/Chile
Creative Director: Sebastian Lia/Hernan Antillo
Art Director: Carolina Sanchez
Copywriter: Rodrigo Duarte
Photographer: Eduardo Nunez
Illustrator: Claudio Ubilla
Agency: BBDO, Chile
1999年カンヌ国際広告祭銀賞

61
見とれて急ブレーキ
Mercedes-Benz SLK/UK

このSLKは発売当時、ヨーロッパでも半年待ちと言われるほど人気があった。メルセデス・ベンツのスポーツタイプで、カッコよく手ごろなお値段だったためか、カーマニアの間で話題になったのである。
この広告の鍵は、クルマの横にある無数のスキッドマーク(スリップ跡)。SLKに気がついたドライバーが、見ようと思って急ブレーキをかけたのである。このポスターのユニークな点は、コピーがないこと。コピーがないから見る人は考えさせられる。考えさせられるから記憶に残る。そして友達にしゃべりたくなる。1枚のポスターが2倍にも3倍にも媒体効果を高めるからだ。
このポスターは写真がいい。レイアウトもいい。画面を対角線で明暗に分け、影の部分に置いたSLKをライティングで浮き立たせている。必要な部分だけを強調し、妙に媚びてない。それでもSLKの魅力が十分に伝わる。
ふつう新車の広告というのは、このような作り方はしない。どのアングルからどうライティングすればクルマが一番分かりやすく、かつ美しく見えるのか、それを徹底的に追求した完全なシチュエーションで撮影する。一見クルマを無造作に置いただけのようでありながら、じつはその裏に緻密な計算がある。その絶妙なバランスとクールさがこの作品の新しさである。

Mercedes-Benz SLK "Skidmarks"/UK
Art Director: Mark Tutssel
Copywriter: Nick Bell
Photographer: Russell Porcas
Agency: Leo Burnett/London
1997年カンヌ国際広告祭グランプリ

62
なんで鎖が？
JAGUAR XJ8/Canada

ラジエーターの上のエンブレムを、ジャガーでは"Leaping Cat（飛びかかる猫）"と呼んでいる。ジャガーはネコ科の動物なので、Catという愛称で呼ばれているのだ。このポスターの写真を見ると、首に鎖がつけられている。なぜ鎖をつけられているのか、それがこの広告のポイント。

この広告は、1998年型のジャガーXJ8が、いままでの6気筒エンジンからV型8気筒エンジンを搭載して、3.2リットルで30馬力、4.0リットルで50馬力パワーアップしたという広告である。それで飛び出さないように鎖がつけられている。このエンブレム、シャープで明暗がはっきりして優れている。造形がよくなければ成り立たないが、このデザインは成り立っている。社名とデザインの一貫性が広告にも届いている。鎖をつけたところがアイディアだ。

JAGUAR XJ8 "Leaper"/Canada
Creative Director: Steve Landsberg
Copywriter: Marcus Sager
Art Director: Michael Kirkland, Tom Scharpt
Photographer: Shin Sugino
Agency: Ogilvy & Mather/Canada
1998年カンヌ国際広告祭金賞

63
え、毒グモ？
Gapa Aids Awareness/Brazil

ちょっと背筋が寒くなる広告。女性のパンティにもぐり込もうとしているのは"タランチュラ"といって、スペインや南米にいる毒グモ。刺されれば死ぬ可能性もあるという危険な生き物だ。これはブラジルのエイズ予防協会の広告で、コンドームをしないでセックスをすると、タランチュラに刺されるのと同じように、命まで失いかけますよ、と無言の警告をしている。

Gapa Aids Awareness "Spider"/Brazil
Creative Director: André Pinho, Darcy Fonseca
Art Director: Darcy Fonseca
Photographer: Richard Kohcut
Agency: J. Walter Thompson/São Paulo
2000年カンヌ国際広告祭銀賞

64
赤んべえ
Parmalat/Brazil

パッと目につく。女の子が舌を出しているのかなと思ったら、よくよく見ると、真っ赤な容器から真っ赤なケチャップがたれているところ。それにしても鮮やかにとらえている。とろりとしていてつやがあり、ケチャップのもつ甘さや酸っぱさが伝わってくる。この画面を印象強く見せているのは、言うまでもなく赤という色である。赤は注意を喚起する色。だから交通信号に使われている。赤はまた情熱の色。だからダンサーなどの衣装にも多用されている。また花や果物にも多い自然の色でもあり、美しさとおいしさを備えた色なのだ。

商品が赤いからとはいえ、赤の効果をぞんぶんに活用したところが、この広告のうまさであろう。

Parmalat "Hot Ketchup"/Brazil
Creative Director: Tomas Lorente, Carlos Domingos
Copywriter: Alexndre lucas
Art Director: Eugenio Duarte
Photographer: Fabio Bataglia
Agency: DM9DDB Publicidade/São Paulo
1999年カンヌ国際広告祭金賞

65
シンプル・イズ・ベスト
Chrysler Jeep/USA

4WDのクルマの最大の魅力は、どんな道路状況においても前に進むことができる"タフ"さにある。それゆえ広告では、細かい機能をうんぬんするよりも、その力強さを簡潔なビジュアル一発で表現した効果的なケースだ。ここに紹介する4WDの広告にも、余分な説明は必要ないであろう。

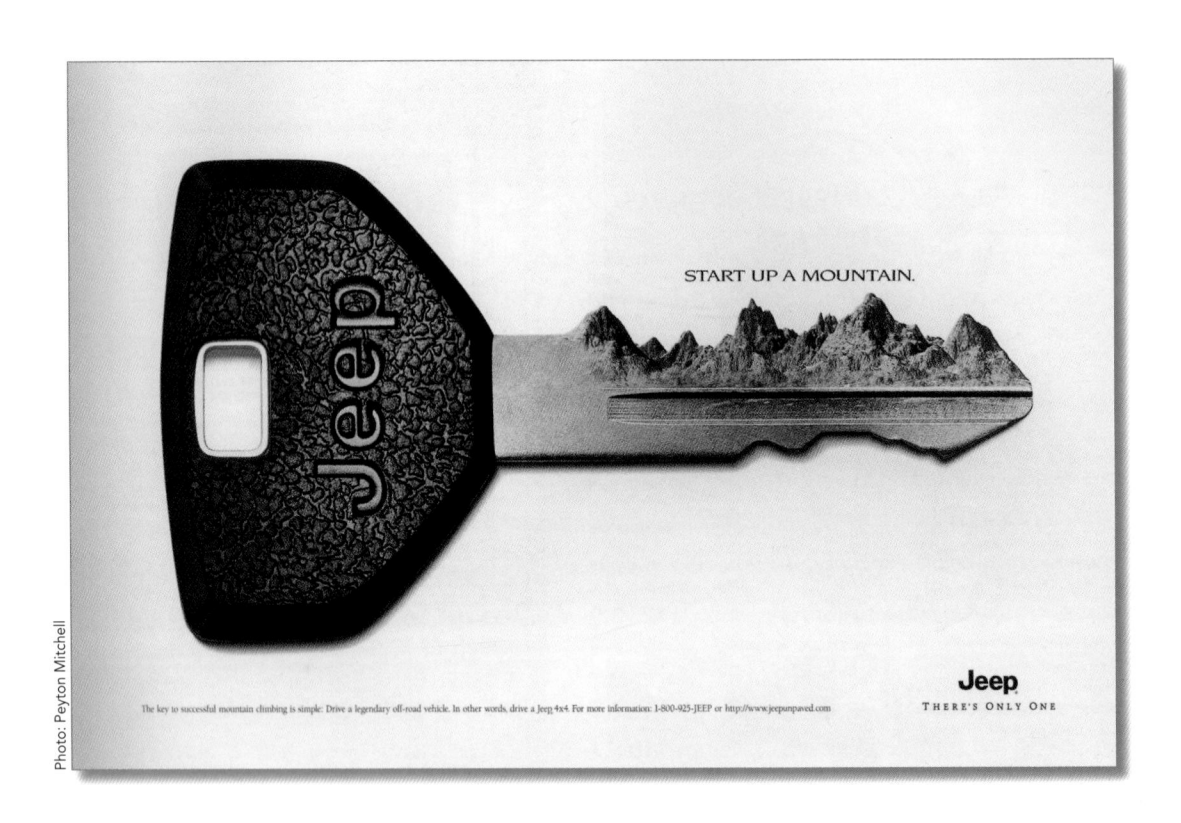

Chrysler Jeep/USA
Creative Director: Gary Topolewski/Bill Morden
Art Director: Robin Churumka
Copywriter: Mike Stocker
Photographer: Peyton Mitchell/Detroit
Agency: Bozell Worldwide Inc./Southfield MI
1997年ニューヨークフェスティバル大賞

66
黄色のラベル
Cutty Sark/Spain

カティサークは日本でもおなじみのウイスキーで、黄色のラベルが特徴である。バーの棚でも、リカーショップでもすぐ目に入ってくる。他の商品にうずもれて見分けにくいものに比べたら、どんなに有利なことか。ここで紹介するスペインのカティサークの広告は、商品のラベルの色の黄色をカティサークのブランドに置き換え、ほかをモノトーンにして、ひときわ鮮やかに目立たせ、差別化、優位性を表現している。

バッジ
警察官、保安官、執行官といった、コワイ人たちのバッジが並んでいる。ぜんぶ星の形である。星はコワイけどカッコいいのだ、と思っていると、色の違う星が一つある。なんとヒトデだ。英語でスターフィッシュ。

ビリヤード
球が正三角形に置かれて端然とした構図の中に、もう一つの球はと見ると、これが黄色、ひときわ光っている。ほかの球と違って、最後までビリヤード台の上で頑張っている奴。

ジグソーパズル
きっちり嵌め込まれたジクソー盤から一つだけ抜け出し、それが人の形になって逃げていく。ひときわ目立つしカッコいい。カティサークは、スコッチウイスキーの中でもひときわ違うのだ、と訴求している。

Cutty Sark Scots Whisky/Spain
Creative Director: Pedro Soler, Enrique Astuy
Copywriter: Nacho Santos
Art Director: Angel Villalba
Photographer: Luis Dominguez/Miguel Martinez
Agency: Devico Bates S.A./Madrid
1997年ニューヨークフェスティバル入選

67
一筆書きのヒルトン・ホテル
Hilton Hotels/NY

一筆書きで描いたイラストには斬新さとユニークさがある。モノトーンでシンプルでありながら、柔らかさと暖かさを感じさせるイラストのタッチがすばらしい。左のA点から右のB点までの通過点の間に、ホテルのいろいろな利用法を描いた、おしゃれな広告だ。

Hilton Hotels
"Travel should take you places"/NY
Art Director: Sonya Grewal
Creative Director: Sonya Grewal,
Ken Erike, Mark Figliulo
Illustrator: Greg Stevenson
Copywriter: Ken Erike
Agency: Young & Rubicam, NY

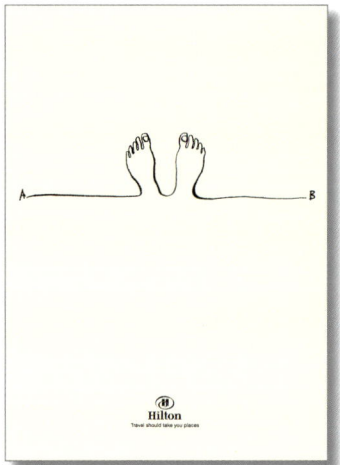

68
最小型の芝刈機
Weru Soundproof Windows/Germany

この広告を見て奇妙に思うことがあるだろう。芝を刈っている芝刈機が、刈っている人に比べて余りにも小さい。ポリスマンが使っているメガホンが、道路工事の作業員が使っている掘削機が、余りにも小さい、と。

何でこんなに小さいのか。その答えは"Soundproof Windows"だからである。よく見ると画面の端に窓枠もあるし、取っ手もあるので、窓を閉めた状態で外を見ているのだと分かる。外の騒音を遮断するように作られている窓から見ると、こんなに小さな道具で仕事をしているように思えるのである。

Weru Noise Protection Windows "Gardener", "Policeman", "Worker"/Germany
Creative Director: Jan Leube, Matthias Spaetgens
Copywriter: Michael Haeussler
Art Director: Kay Luebke
Photographer: Ralph Baiker
Agency: Scholz & Friends/Berlin
2004年カンヌ国際広告祭金賞

69
カキの中のクルマ
Mercedes-Benz SL/France

このメルセデス・ベンツの広告、白地にドーンと貝があるだけで、コピーも見当たらない。が、どうしても素通りできない誘引力がある。すぐ気づくのは、貝の中にクルマが1台あること。ここから、クルマは真珠のようなものであると（書いてはいないが）言おうとしていることが分かる。さらに、あこや貝が年月をかけて、海水の温度、プランクトンが多くも少なくもない絶妙な状態の海の中で真珠をつくるように、わが社はこのクルマをつくったのだと（書いてはいないが）言おうとしている。そして、メルセデス・ベンツは真珠のように光り輝く高級車だと（書いてはいないが）理解させてしまうのだ。このように無口な広告は、見る人の想像力によって多弁な広告になる。しゃべりまくる広告がややもすれば一方的になるのに対して、読者とたがいに会話を交わすという意味で、このような無口な広告のほうが本当のコミュニケーションである、という説もある。

Mercedes-Benz SL "Nouveau Mercedes SL"/France
Art Director: Nicolas Verdeau
Copywriter: Olivier Apers
Photographer: Alcide Rioche
Agency: devarrieuxvillaret, Paris

70
BMWで行く想像の世界
BMW/Paris

思わず引き込まれてしまう写真3点。どれも重々しく、迫力に満ちている広大な風景と緻密な細部。その細部を追いかけていくと、あれ、あれ、と思わず声を出しそうになる。見覚えのあるモノが写っているからだ。

深山幽谷なんて古い言葉が浮かんできそうな、大きな山と深い谷。その異様さは、神か悪魔が棲んでいそうでもある。だが、よく見るとビッグベンがある。ウェストミンスター寺院がある。ロンドンの中心地なのだ。橋の下を流れる恐ろしい川はテムズか。

自由の女神。これは分かりやすい。しかし、これも場所が異様である。映画『駅馬車』にも使われたモニュメントバレー。長い年月を経てつくられた自然の驚異。その一つに像が立っているのだ。マンハッタンの高層ビル群が遠くに聳えている。ここがニューヨークだなんて。

雪に覆われた山々が連なっている風景。アルプスだろうか。麓の町はスイスだろう。それとも…なんとエッフェル塔らしきものがある。凱旋門らしきものも。パリの街なのだ。こんなことって、あるわけない。

つまり、どれも合成写真である。ロンドン、ニューヨーク、パリをまったくかけ離れた場所と組み合わせることで、想像の世界を作ってみたわけだ。BMW X3に乗れば、型にはまった現実から離れて、"非日常"の楽しみを味わえる。キャッチフレーズも "Mix your playgrounds." あなたの遊び場をミックスさせるのがBMWだと言っている。不思議で、楽しく、力強い広告だ。

BMW X3 "London", "New York", "Paris"/Paris
Creative Director: Olivier Altmann
Art Director: Charles Guillemant
Copywriter: Patrice Lucent
Photographer: Jean-Marie Vives
Illustrator: Sylvie Etchemate
Agency: BDDP & Fils/Paris
2004年カンヌ国際広告祭金賞

71
イタリアの酒、フランスの粋
MARTINI/Paris

マティーニといえば、イタリアの食前酒。愛飲家なら誰でも知っている有名ブランドだ。そのロゴマークを見ると、飲まない人でも知っていると言うに違いない。赤丸に黒帯、そこにMARTINIと白く抜かれている。この赤丸と黒帯のイメージを上手に生かしたのが、この広告シリーズである。

いずれもマティーニが置いてあるバー、カフェテラス、レストランの光景だ。電球、笠、キャスター、レモンスライス、バーの椅子など丸いものが赤で描かれ、テーブル、グラス、椅子、ボトルなど直線的なものが黒になっている。日本（東京）の箸まである。とても知的で、おしゃれで、気の利いたアート表現だ。これがMARTINIの世界です、と誇っているようだ。

実はこれ、フランスで作られた広告なのだが、フランスは酒類の広告には規制の厳しい国。テレビCMはダメ、飲酒を誘う言葉もダメ、モデルも使用禁止なのだ。制作者は苦労する。そこで窮余の一策として思いついたのが、この広告手法だったのではないだろうか。旨いとも、飲めとも言っていない。コピーは1行

L'abus d'alcool est dangereux pour la santé, consommez avec modération.
お酒の飲みすぎは健康を害します。ほどほどにしましょう。
言葉は無粋だが、広告は粋である。

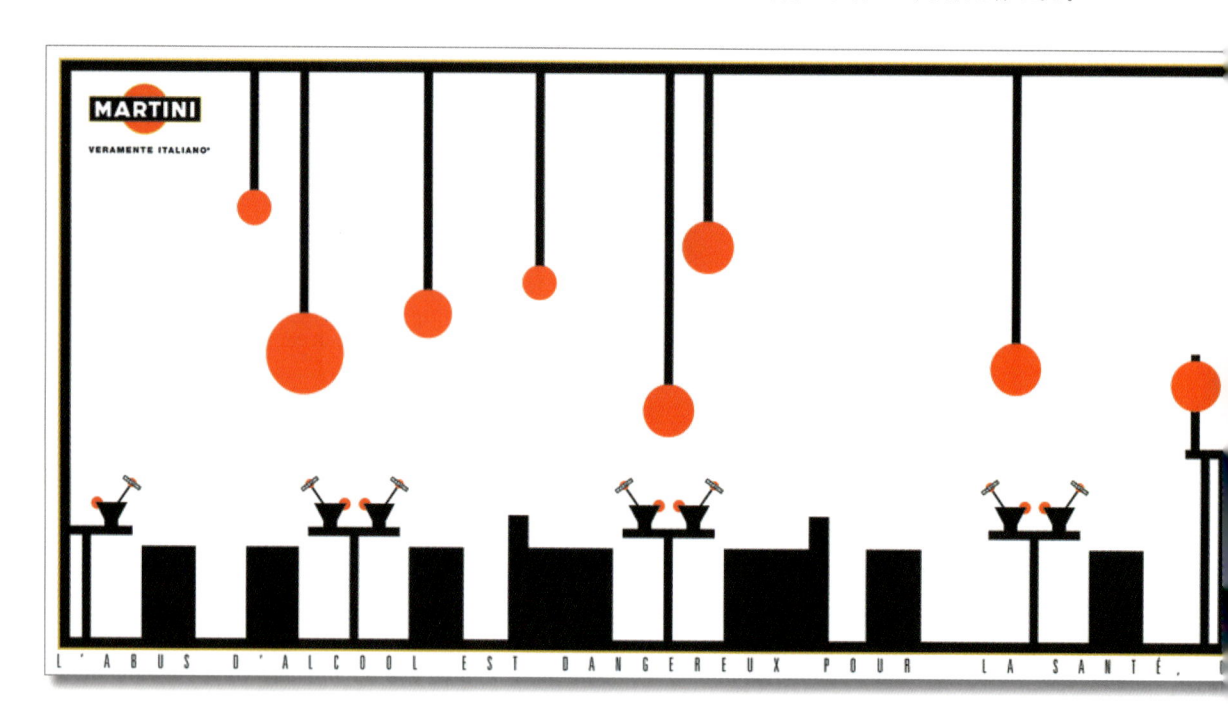

Martini, Truly Italian/Paris
Art Director: Vincent D'Amiens
Illustrator: Vincent D'Amiens
Agency: McCann-Erickson/Paris

103

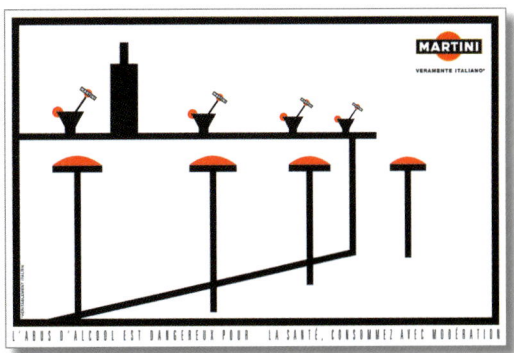

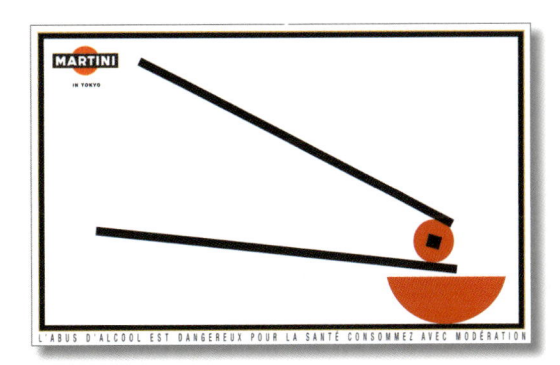

Chapter 8
催し物の広告

映画、演劇、スポーツ、動物園、遊園地などへ誘う広告だが、催しの内容をそのまま示すだけではなく、その面白さや見どころをうまく演出しているものが多い。媒体もポスターや新聞とかに限らず、会場周辺の看板や入口までも利用して、人々のこころをわくわくさせようとしている仕掛けが見ものである。

72
世界一の動物園はすぐそこに
San Diego Zoo/USA

The world's greatest zoo is right under your nose. San Diego Zoo
世界一の動物園は、目と鼻の先にあります。サンディエゴ動物園。

73
これより上を見たい人は…
The Boston Museum of Science/USA

Tail this bus to see the rest of him. The Dinosaurs at The Museum of Science.
これより上を見たい人は、このバスの後尾について来てください。科学博物館で恐竜を。

The world's greatest zoo is right under your nose.
San Diego Zoo

Tail this bus to see the rest of him.
The Dinosaurs at The Museum of Science.

San Diego Zoo/USA
Art Director: Bob Kwait
Artist: Darrel Millsap
Copywriter: Bob Kwait
Production Artist: Ronnie Van Buskirk
Agency: Phillips-Ramsey, San Diego, CA
1985年ニューヨークADC金賞

The Boston Museum of Science/USA
Art Director: Tim Hanrahan
Artist: Doug Smith
Copywriter: Michael Ward
Agency: HBM/Cremer/Boston
1985年ニューヨークADC銀賞

74
水曜日の夜、お暇でしたら…
San Francisco Fine Arts Museum/USA

We're free Wednesday nights, if you are. Admission is free at the de Young Museum Wednesday evenings from May 16 through August 29. Join us for famous films, dinner in the Café de Young and guest lectures. Call 750-3659 for more information. The de Young Museum. Make a night of it.

水曜日の夜、もしお暇でしたら、私たちも無料です。5月16日から8月29日まで。名画やカフェ・デ・ヤングでのディナー、特別公演にどうぞいらしてください。デ・ヤング美術館で楽しい夜にしてください。

名画のご婦人方が、現代の女性が使う言葉で語っているところが、スマートだ。美術館の物々しいイメージを、ガラッと変えた広告である。しかも並んでいるご婦人方は、ひとりを除いて（右から2番目はジュリー・ガーランド）18世紀から19世紀にかけて描かれた名画の中のご婦人方である。freeという単語の2つの意味、"暇な"と"入場料が無料の"をダブルミーニングで、違和感を覚えさせず、上手に使っている。

San Francisco Fine Arts Museum/USA
Art Director: Andrew Vucinich
Copywriter: Laurie Ostby
Agency: Young & Rubicam, San Francisco
1985年ニューヨークADC金賞

75
手触りで楽しめる子供動物園
San Francisco Zoo/USA

サンフランシスコの子供用動物園の広告。動物と子供たちが触れ合えるというこの動物園の特徴を、絵本的な表現方法で描いている。動物のモチーフと人の手の表現がシンボリックで分かりやすい。共通スローガンは、"子供の動物園へ行こう"。

So life like. Because it is.
まるで本物。その通りだからです。

Our promise: a day full of fun and a car ride full of goat sounds.
私たちの約束できるもの。丸一日の楽しさと、山羊の声いっぱいの乗物。

Everyone wants to feel like a kid again. These days. Even kids.
誰もがもう一度、子供になりたいと思う。このごろは。子供もそうです。

この広告のもう一つの特徴は、ポスターの淡い色彩が、特色を使って優しさと暖かみのある表現になっている点。すみずみまで気を配ったアートディレクションである。

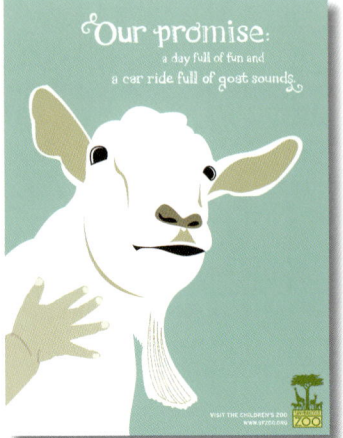

San Francisco Zoo/USA
Art Director/Illustrator: Elizabeth Perlman
Associate Creative Director/Copy Writer: Neil Levy
Executive Creative Director/Copy Writer: Jim Lesser
Agency: BBDO West, San Francisco

76
バレエへのお誘い
Cisne Negro Dance Company/Brazil

トウで立っている2本の足、その間にクルミ、これを見ただけで誰でもチャイコフスキーの"くるみ割り人形"のバレエシーンを思い出す。単純明解でしかも力強い表現だ。"Cisne Negro (=Black Swan)"バレエ団のブラジル、サンパウロ市での公演のポスターである。「私の家内がこのバレエ団で教えているので、頼まれて作りました。1997年12月、サンパウロで3週間"くるみ割り人形"のバレエ公演が行われたときのものです。バレリーナの足と割れたクルミという単純なアイディアです。目立つでしょ?」とコピーライターのザナッタさんは語ってくれた。確かに、印象に残るポスターだ。

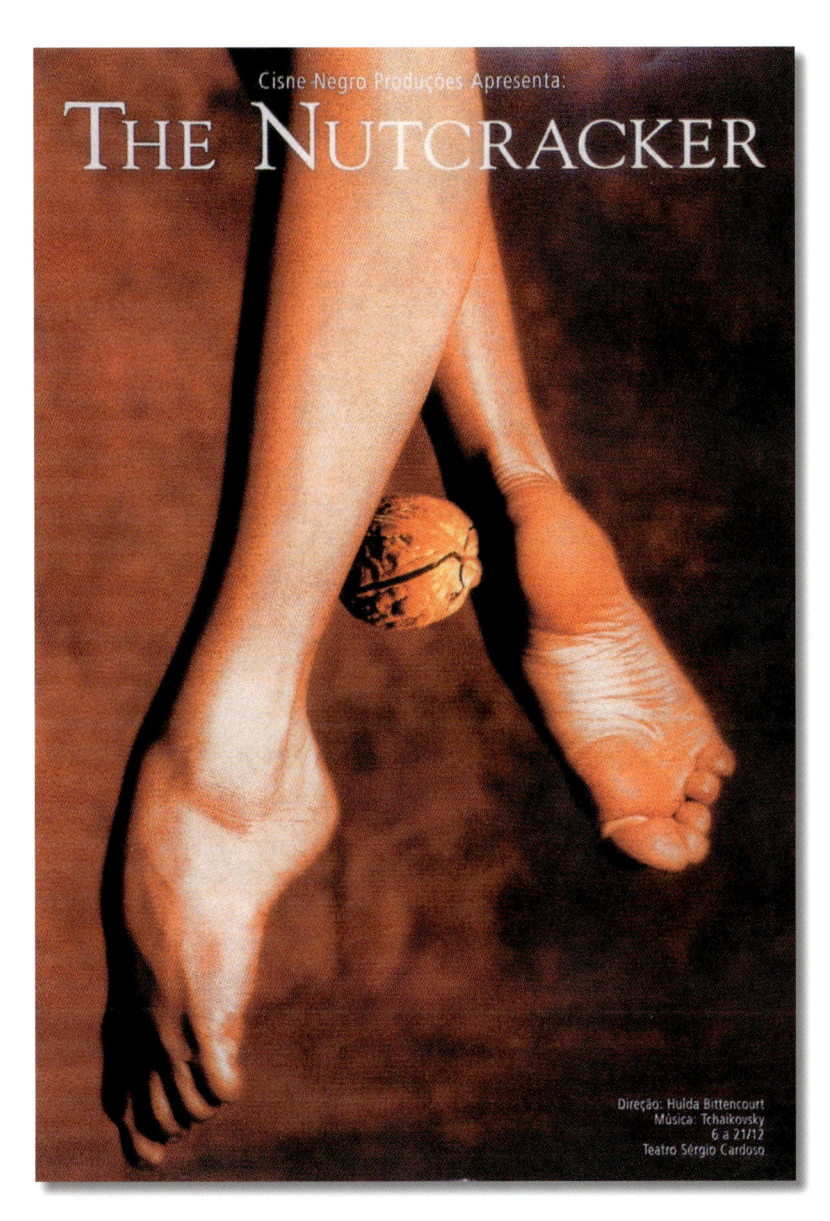

Cisne Negro Dance Company/Brazil
Creative Director: Marcello Serpa
Copywriter: Cassio Zanatta
Art Director: Valdir Bianchi
Photographer: Fernanda Tricoli/São Paulo
Agency: Almap BBDO São Paulo
1998年ニューヨークフェスティバル金賞

77
愛と死の物語
Ahmanson Theatre/USA

組み合わされた2つの手をさえぎる鋭い剣。切り口に鮮明ににじみ出ている真っ赤な血。この衝撃的なポスターは、ご存知シェイクスピアの"ロミオとジュリエット"のニューヨーク公演でのものである。怨念で対立するヴェローナの2つの名家をバックに展開される"愛と死"の物語である。

見事なくらいシンプルに、白地を生かし、対立する両家のロミオとジュリエットの恋を2本の黒い手で、それを引き裂く怨念を剣と真っ赤な血で表し、シンボリックに、しかも強烈にこのドラマの本質を表現したすばらしいデザインだ。

「よく知られている"ロミオとジュリエット"の公演を一枚のポスターにすることは、やさしいことではない。しかもロイヤル・シェイクスピア・カンパニーの創設者サー・ピーター・ホール氏の演出で行われる公演を。演技の複雑さ、美しさを一つのイメージにとらえようと、100点近いスケッチを私は描いた。剣によって引き離された2つの手のスケッチを書いたとき、私はこれだと思った。これ以外のアイディアでは、シェイクスピアの公演を見せたくないと思った。幸いなことに彼らはすぐ賛成してくれて、制作にかかった。このポスターは世界中のデザイン展で、数多くの賞を受賞した」と、制作者のルバ・ルコヴァ氏は私に語ってくれた。

Ahmanson Theatre
"Romeo & Juliet"/USA
Designer, Illustrator: Luba Lukova
Design Firm: Luba Lukova Studio/
Long Island

78
タイプの顔
The Type Museum/UK

これはイギリスにある"タイプ・ミュージアム"という博物館の広告。タイプとは、活字や字体のことである。ここには世界中から集めた、さまざまな活字や字体が収録されているという。古代から現代まで、鉛活字もあれば、木製活字もあり、アルファベットもあれば、アラビア文字もあり、そしておそらく日本語もあるのではないだろうか。珍しいものでは、アメリカ独立宣言の印刷に使われた活字も所有しているとのこと。そのまま文化の歴史館である。政府と篤志家の寄付によって運営されている。その収蔵品の中にある字体を使って、顔の絵を作って見せているのが、この広告である。どこかの誰かに似ている顔もある。面白い遊びだ。誰の顔かなと考えさせながら、文字の面白さを宣伝している。

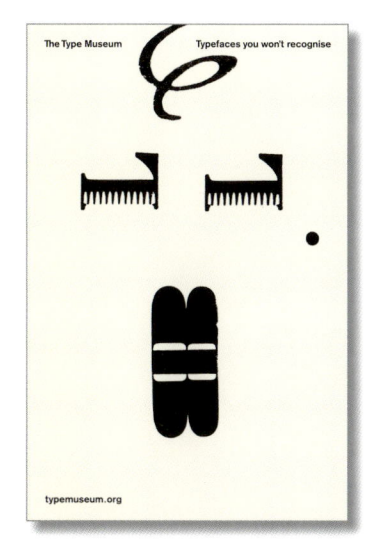

The Type Museum/UK
Art Director: Paul Belford
Copywriter: Nigel Roberts
Illustrator: Paul Belfords
Agency: Abbott Mead Vickers BBDO/London

79
"ドン・キホーテの精神を見つけよう"
Castilla-La Mancha/Spain

スペインの芸術家、ピカソやブラックらが創始したコラージュ手法を上手に使って、スペインの代表的小説、セルバンテス作『ドン・キホーテ』の主人公をイメージした、カスティーリャ・ラ・マンチャ州の観光ポスター。小説の主人公ドン・キホーテは、ラ・マンチャ地方の片田舎に住む中年男で、前後の見境がなく猪突猛進するモーレツ男として描かれており、当時権勢を誇った騎士道物語を打倒するために描かれたパロディー小説といわれている。1605年に発売されたこの作品はベストセラーになり、スペインを代表する小説の一つである。

コラージュの顔を構成する素材（絵画、音楽、建造物、牧畜、自然の美しさ、それに近代産業から風力発電まで）はスペインを代表するもので、絵や写真で効果的にアレンジしており、スペインに来て自分の目で見てください、と表現している。

スペインの代表的小説と、スペインで創始されたコラージュ手法を使ってスペインの観光ポスターを作るという発想は素晴らしく、制作スタッフの熱意に敬意を表したい。

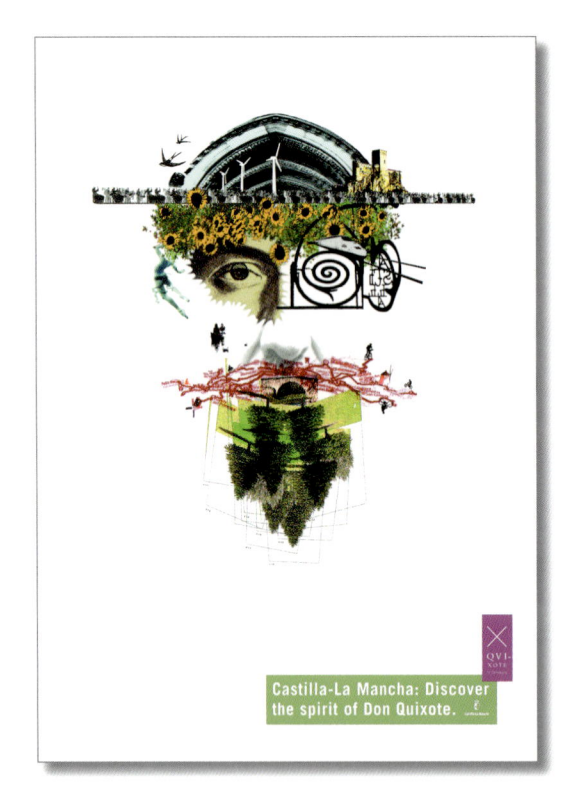

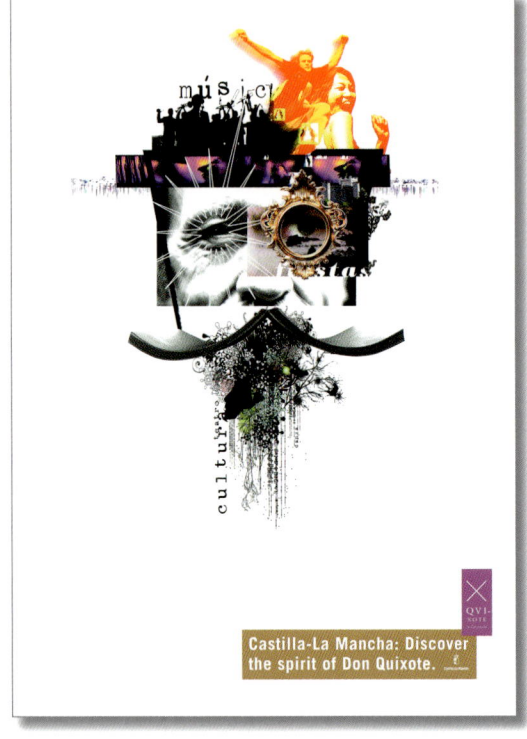

Castilla-La Mancha "Discover the spirit of Don Quixote."/Spain
Art Director: Urs Frick, Uschi Henkes
Copywriter: Manolo Moreno, Mercedes Lucena
Illustrator: Victor Gomez, Gabi Hueso
Agency: Zapping, Madrid

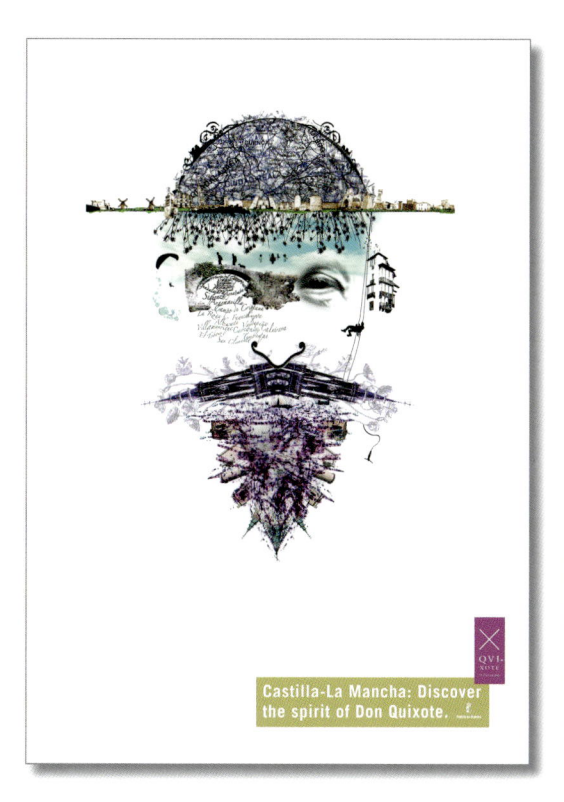

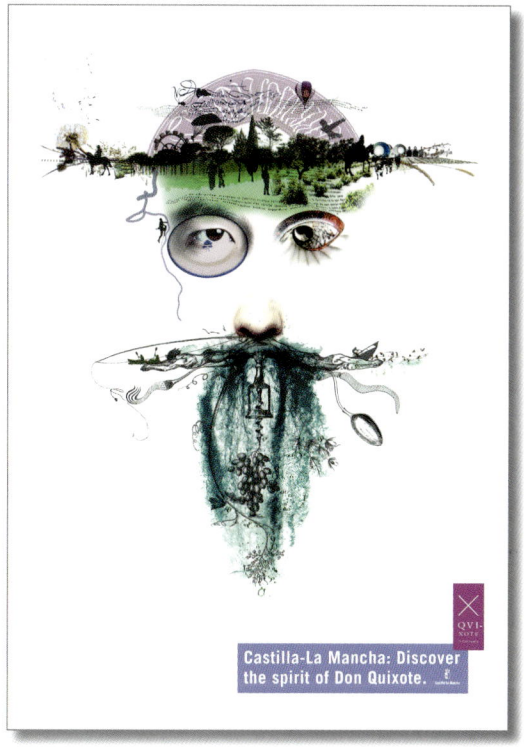

Castilla-La Mancha: Discover the spirit of Don Quixote.

80
ポップアートなデパートの広告
Harvey Nichols/UK

いま一番ファッショナブルな広告を作るデパートといえば、ロンドンのナイツブリッジにフラッグシップ店があるハーヴィー・ニコルズかもしれない。ファッション・ブランドを扱うデパートとして知られているが、ダイアナ妃のお気に入りで、生前よく通っていた店、と聞けばなおさらである。
4点あって男性用、女性用、ファッション製品、食料品と、見る人に自分の好みの世界を創造させるような広告でもある。この広告はデザインというより、むしろイラストレーションの作品で、従来のデパートの広告から抜け出したポップアートである。
一つの写真にこめられた性的な表現がかなり刺激的に感じるのは、私だけだろうか。こんなに沢山のモンタージュした写真を猥雑にならないように上手にまとめているし、それを見た人に、それぞれ自分のハーヴィー・ニコルズの世界を想像させる工夫がなされている。

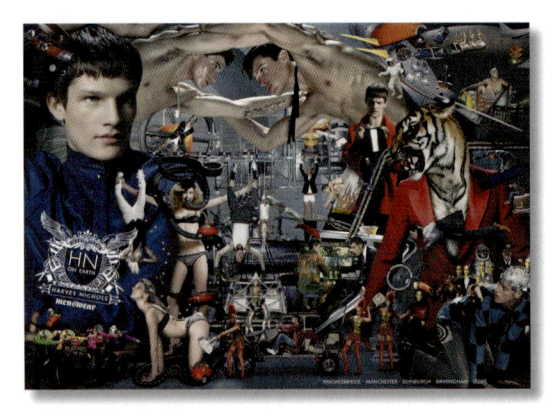

Harvey Nichols "Menswear", "Womenwear", "Foodhall", "Beauty Hall"/UK
Creative Director: Mark Reddy
Art Director: Grant Parker
Copywriter: Patrick McClelland
Photographer: Tim Bret-Day
Agency: DDB London
2005年カンヌ国際広告祭銀賞

HN
ON EARTH
HARVEY NICHOLS
restaurants & foodmarket
KNIGHTSBRIDGE · MANCHESTER · EDINBURGH · BIRMINGHAM · LEEDS

Chapter 9
奇抜な屋外広告

ビルボード（billboard）ってなんのことだっけ、などと言う人も多くなったかもしれない。近頃は屋外広告あるいは屋外看板と呼ばれるようになってしまった。私のビルボードの思い出と言えば、かつての原宿駅。駅を囲んで大きな広告がならび、ユニークなデザインも多かった。訪れるたびに、次はどんなものがあるかと楽しみにしたものだった。近頃はどの街も様子が変わり、土地が狭いせいで広いスペースが確保できず、やたらとせせこましい。その反面、技術の進歩で建物の壁画に巨大な電子画面をしつらえて、動く映像と音で街をにぎわしているものが目立つ。こんな時代にあって、昔ながらのビルボードに今なお情熱を傾けているのが欧米の街である。思わず立ち止まって鑑賞したくなるものも少なくない。目についた例を紹介しよう。

81
すごい吸引力
AEG/The Netherlands

コートを着たご婦人が、ビルボードの枠に宙吊りにされている。一瞬、あれっ、と思う。今まで歩いていたご婦人が、あっという間にビルボードに吸いつけられた、という感じだ。だから見るものを"ギョッ"とさせるのだ。何の広告かと見ると、AEGという家電メーカーの掃除機。ご婦人を吸いつけてしまうほど強力なのだ、とデモンストレーションして見せている。

これなら目立つ。ひょっとしたら夜に暗闇の中で見たら、腰をぬかす人がいるかもしれない。アートディレクターのオブスティン氏は「ビルボードからぶら下がっているのは、人形ではなく本物のモデルを起用しています。服の下に登山用の補強具（背負い革）を装着し、ビルボードにつけました。この広告のご婦人は、私のガールフレンドの祖母です。この写真は世界中に渡り、カンヌ国際広告祭の金賞をはじめ、数々の賞を獲得し、彼女に不朽の栄誉をもたらしたのです」と話してくれた。

AEG "Sucked Up Granny"/The Netherlands
Copywriter: Arjen de Jong
Art Director: Marsel von Obsten
Photographer: Edo Kars
Agency: HVR/Den Haag
カンヌ国際広告祭金賞

82
不可能はない
Adidas/Japan

ビルの壁面にロープをたらし、何人もの人たちが壁面を上下している。これはアディダスが、数々の偉業を成し遂げたアスリートたちの"不可能に挑戦する強い意志"を発信していこうというもの。
ホテル日航ベイサイド大阪の壁面を、100m×8レーンのコースにして、クライマーたちがロープを垂直に登りながらタイムを競う世界初のスプリント競技。ビバ、人間！ ビバ・アディダス。人間の可能性は無限だと感じさせてくれる。

Adidas Impossible Sprint "Impossible is nothing"/Japan
Creative Director: John Merrifield
Copywriter: John Merrifield
Art Director: Shintaro Hashimoto, Hirofumi Nakajima
Photographer: Amana
Agency: TBWA, Japan
2005年カンヌ国際広告祭銀賞

83
ワクワクさせる動物園
San Francisco Zoo/USA

サンフランシスコ動物園は楽しそうだ。この案内広告を見てほしい。入園する前から楽しい。街路灯の足がキリンの模様に塗られていて、その上のほうで案内板のキリンとつながって見える。背の高いキリンが立っているかのようだ。街路灯アートと呼んでもいいかもしれない。

もう一つは、階段の手摺がヘビの模様に塗られている。先端のほうは頭部になっている。ここを上がって行けばヘビに会えますよ、と言っているのだ。仕掛けが面白い。

入園する時の気持ちをさらにワクワクさせる。

San Francisco Zoo "Giraffe Banner"/USA
Art Director: Brandon Sides
Associate Creative Director/Copy Writer: Neil Levy
Executive Creative Director: Jim Lesser
Agency: BBDO West, San Francisco

San Francisco Zoo "Snake Hand Rail"/USA
Art Director: Brandon Sides
Jr. Art Director: Alper Kologlu
Associate Creative Director/Copy Writer: Neil Levy
Executive Creative Director: Jim Lesser
Agency: BBDO West, San Francisco

84
帽子屋さんの広告、街頭に進出！
Fiona Bennett/Germany

もう慣れっこになってしまったが、都会の街は広告でいっぱいである。広告の隙間から街が見える、とでも言いたいぐらいだ。数だけでなく、種類もどんどん多くなっている。ところが、いつの頃からか、街角から消えてしまった広告もあるのだ。それは "広告塔"。その名は知っていても見たことがないという人が多いのでは。人の背丈より高い円柱が、かつて街角にいくつも立っていたものだ。むかしの銀座通りを知っている人によると、内部には音声装置も入っていて、CMや音楽も流されたという。日本ではすっかり見かけなくなった広告塔だが、今も外国では健在のようだ。

ベルリンの街角にあるフィオナ・ベネットという帽子屋が面白い広告塔を何本も立てた。帽子屋だからてっぺんを帽子の形にしてあり、その下が顔、そして体となっている。こんなドレスには、こんな帽子はいかがでしょう…そんな風に語りかけている楽しい広告塔である。

「フィオナ・ベネットはベルリンでは余り知られていない小さな帽子屋。低予算で知名度をあげたいという要請で、街で話題になるような高度のクリエイティブ・アイディアを必要としたわけです。キャンペーンはわずか1ヵ月、消費者の反応は非常に良かったです。この広告が新聞やテレビの媒体に取り上げられ、それがかなりの宣伝になりました。お陰さまで、この後のキャンペーンは必要なくなりました」と関係者は語ってくれた。道が広いと、このようなのどかな広告塔も、楽しいものだ。

Fiona Bennett "Hats"/Germany
Creative Director: Martin Pross, Joachim Schoepfer
Art Director: Marco Fusz/Meik Heindrof
Photographer: Matthias Koslik
Agency: Scholz & Friends/Berlin
2001年カンヌ国際広告祭金賞

85
警告
Playland/Canada

え？こんなビルボード見たことない。ビルボードの上に男が引っかかっていて、ズボンとスニーカーだけが見えている。一体どうしたのか、と思って下の文字を見ると、
Caution: Close restraining bar & secure all belongings.
注意：安全バーをおろして、持ち回り品の安全を確認してください。
というメッセージ。
安全バーをきちっとおろさないでふっ飛ばされると、あなたもこのビルボードにしがみついている人のようになりますよ、と警告している。担当者は、「何かびっくりするようなことを企画する絶好のチャンスだと思いました。遊園地周辺の警告表示は、みなさん遊びに夢中になっているので、強烈に視覚に訴えるものでないと効果がありません。ビルボードの上に本物の人間が乗っているように見せかけるダミーを使うことで、安全バーをきちっとおろさないと、ジェットコースターから飛び出してこうなりますよ、と警告の意味で作ったのです」と言っている。
カナダのバンクーバーのプレイランド内にあるジェットコースター前のビルボード。いかにも効果的ですね。

Playland "Caution"/Canada
Creative Director: Chris Staples/Ian Grais
Copywriter: Alan Russell
Art Director: Ian Grais
Agency: Palmer Jarvis DDB
1999年カンヌ国際広告祭銀賞

86
ハゲタカの狙いは？

American Lung Association/USA

すごい広告だ。ドキッとする。ハゲタカの表情が凄く、作り物と分かっていながら、ゾッとするほどのインパクトのある広告だ。これは若者の喫煙に反対するアメリカの肺協会のビルボードである。死肉を探し求める習性を持つハゲタカが、タバコを吸っている人を待っているという恐ろしい図である。

このビルボードに関して『ロサンゼルス・タイムズ』は次のように紹介している。

「バレンタインの贈り物といえば、チョコレートか花が相場。ところが特大級のビルボードを贈られた女性がカリフォルニアに住むエドナ・ヴァイスさん。バレンタインの当日、ご主人のミッキーさんがクルマで連れて行ったのは、ウエストウッドの一角、サンタモニカ通りがマニング通りと交差する地点だ。

『僕からの贈り物はこれ!』と言われて、婦人がクルマの外へ目をやると、そこには巨大なビルボードがあった。

『まもなくあれは取り外します。他の場所へ移す予算がないのです』と言うアメリカ肺協会ロサンゼルス支部の話に、慈善事業家である彼は、早速1万5000ドルの小切手を切った。若者に喫煙を止めさせようと、このキャンペーンをさらに90日間延長してもらうことを決心したのだ。

ちなみにヴァイス家では、現在喫煙者はいないが、一日2箱吸っていた父親を肺がんで亡くしている彼は、タバコの恐ろしさを知っている。今年のバレンタインデーの贈り物は『気の利いた投資』になったとミッキーさんはご満悦のようだ」。

いやはや驚きました。日本にもこのような方がいたら…と思う。

American Lung Association/USA
Creative Director: Larry Postaer
Art Director, Copywriter: Vince Amodt
Photographer: Juni B. Banico, Gary McGuire
Agency: Rubin Postaer & Associates/Santa Monica

87
パリ市民の糞害
City of Paris/France

最近私の家の近くでも、犬の糞に悩まされている。玄関の真ん前に、人間並みのお土産を残されたら誰でも憤慨するだろう。川沿いを歩いても、街を歩いても、糞、糞、糞、である。
このパリ市が制作した巨大なビルボードは、犬の飼い主に向けられたもの。視覚障害者の男が持つ白い杖が、犬の糞を串刺しにしている。"自分の犬の後始末など、気にもしないあなた、あなたは正しい。彼が代わって大変良くやってくれるから"と。
これはフランス人独特の皮肉で、障害者にまでこのような迷惑をかける犬の飼い主に、"自分の犬の糞は自分で始末しろ"と暗黙のうちの抗議をしているのだ。パリ市役所の調査によると、パリの飼い犬の数は約20万匹、4匹中1匹の割合で、犬は歩道に好んで糞をする。その量全体で1日に16トン、そのうち4トンの排泄物が、毎日バイクや歩行者の靴で取り除かれているのだそうだ。
最近のルイ・ハリス調査によると、パリ居住者にとってこれが一番の公害だという。参考までに、車の公害が85%に対し、糞害は94%といわれている。

88
あなたの休暇は、NZで滝下りを！
Air New Zealand/USA

ニュージーランドは山と渓谷に囲まれた自然が豊かな国なので、ヨットやカヤックが盛んであることは良く知られている。この屋外広告は都会のビルを滝に仕立て、カヤッカー（カヤックを漕いでいる人）がいまにも飛び出さんばかりに、立体的に描かれているのだから驚きである。滝下りはスリルとスピードがあり、心を躍らされるスポーツなので、その躍動感を都会の中で表現したのだ。

バスの車体の広告は、よくある手法だが、バスの座席とゴムボートの漕ぎ手の位置をピッタリと合わせ、川下りを楽しんでいるシーンを再現している。あたかもゴムボートに乗っているようなユーモラスさが、笑いを誘う表現だ。こんなバスが都会の中を走っていたら、楽しいのではないか。

Air New Zealand/USA
Creative Director, Copywriter: Michael Barti
Executive Creative Director: Jim Lesser
Art Director: Heward Jue
Agency: BBDO, West, San Francisco

Campaign by the City of Paris
addressed to dog owners/France
Art Director: Roland de Pierrefeu
Copywriter: Mathieu Villoutreix
Photographer: Vincent Dixon
Agency: Leo Burnett/Paris

Chapter 10
ビジュアル・ユーモア、ビジュアル・ショックの広告

フランスのアドマンがあるとき、私にこう言った。「広告は最初からセールス・トークをしたのでは消費者は見てくれない。まず消費者にこちらの土俵の中に入ってもらうこと、彼らに興味を持ってもらうことを考えなければいけない。例えば、ユーモアとかパロディーはよく使われる手段だ。サービスのない広告は、あまり期待できない」と。
ビジュアル・ユーモアも、ビジュアル・ショックも、手段こそ違うが読者を引き入れる点では同じである。注意力を喚起し、メッセージを伝達する広告手法の一つである。ここで紹介する広告は、ちょっとオーバーなものもある。ビジュアル・ショックのほうは見ていて気持ち悪いものもある。しかし、ビジュアル・ユーモアでは思わずクスッと笑ってしまうほどだ。と言えば、ますます見たくなるのも人情。さあ見てみよう。

89
そっくりさんを見に行こう
Oregon Zoo/USA

キリンとそっくりなお嬢さん、トリとそっくりな奥さん、コウモリと同じ表情をした少年。そっくりさんはどこにでもいるが、これを見ていると動物園とは動物を見るところか、見にきた人間を見るところか考えてしまう。

これはアメリカのオレゴン州にあるオレゴン動物園。3つの大きなビルボードに描かれた動物園の広告である。コピーも"watch us watch you＝あなたたちを見ている私たち（動物）を見てください"となっている。動物園によると、「動物園での一日は、そこにいる動物をただ見て回るという受身一方のおとなしいものではありません。それどころか、とても相互的、双方的であり、ダイナミックなものです。私たち人間は動物にクギ付けになり、動物は動物で私たち人間に興味津々なのです。この相互の交流にこそ、動物園体験のエネルギーとマジックの源があるのです。コピーもそこから着想したのです」。"あなたたちを見ている私たち（動物）を見て…"。そう、我々も見られているのだ。

Oregon Zoo/USA
Creative Director: Guy Seese
Art Director: Kathy Vinceri/Guy Seese
Copywriter: Jim Elliott
Photographer: Lars Topelmann
Agency: Cole & Weber/Red Cell/Seattle

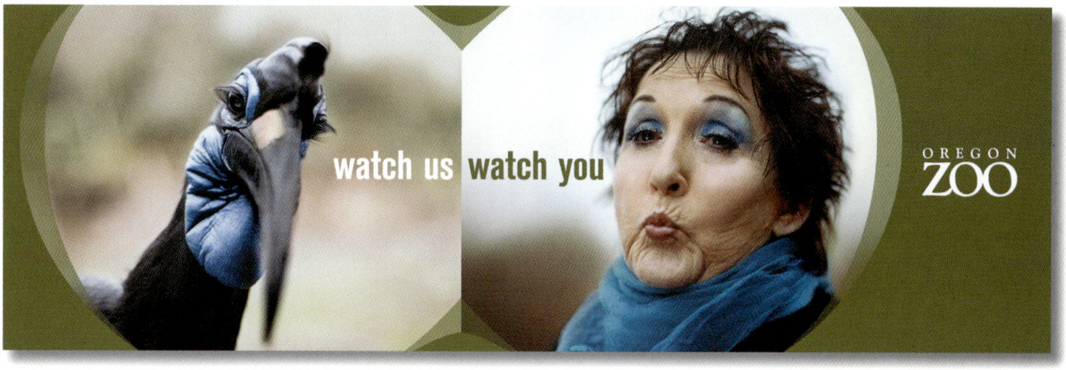
watch us watch you
OREGON
ZOO

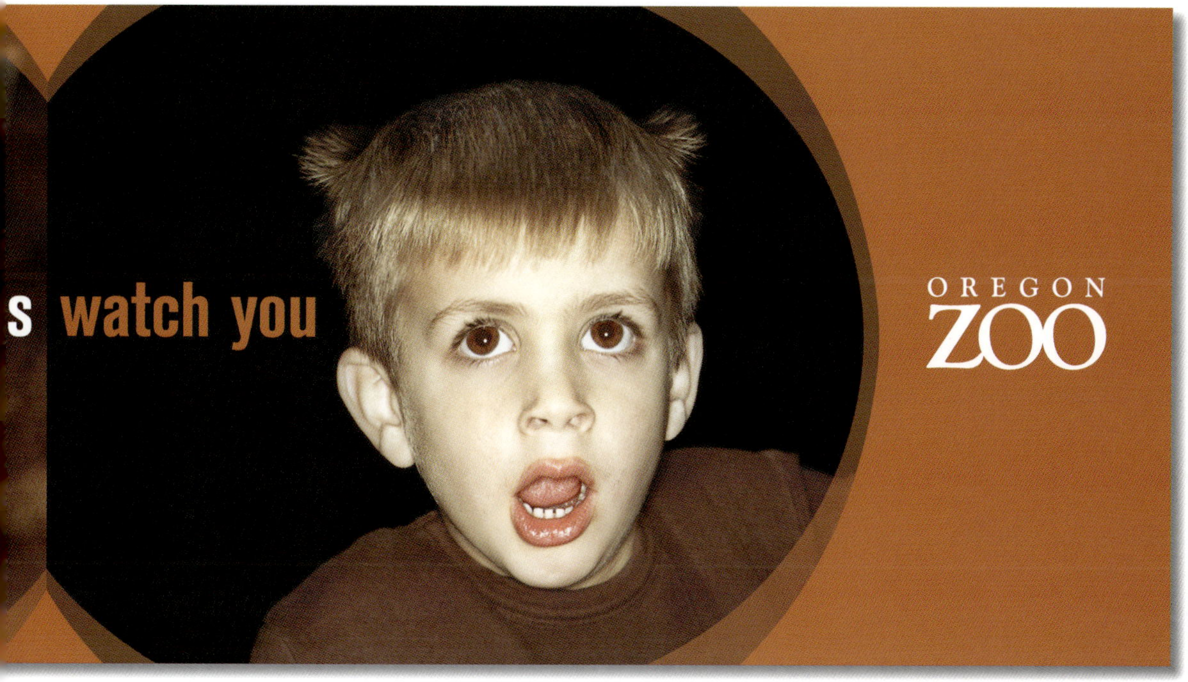
s watch you
OREGON
ZOO

90
美しい走り
NIKE/Paris

大都会の深夜である。クルマもない。人もいない。動いているものがない。無気味なほどの静けさだ。

ところが、こんな情景の中にもただ一つだけ、動いているものがある。人の息づかいが感じられるものがある。それはテールライトのように見えている光の流れだ。

この3枚の写真はNIKEの広告であるから、答えがすぐ分かる。光の流れは、誰かが夜のジョギングをしていることを表しているのだ。光の軌跡を見ると、どんな走り方をしたのかが分かる。NIKEの靴を履けばこんなに軽快に、リズミカルに走れる、と言いたいのだ。

人を使わずに、足も出さずに、靴の広告をつくっているのは珍しい。むしろ、人の足も使わなかったことで、とてもシンボリックに強調されているように思う。このアイディアを成功させたのは、やはり写真の技術であろう。いまはデジタル加工技術の進歩で、リアリスティックにもシュールにも自由に作れる。これはその技術を高度に生かした例だと言えよう。

NIKE "Run"/Paris
Art Director: Sebastien Pierre
Copywriter: Jerome Langlade
Creative Director: Sylvain Thirache, Alexandre Merve
Photographer: Ben Stockely
Agency: DDB, Paris

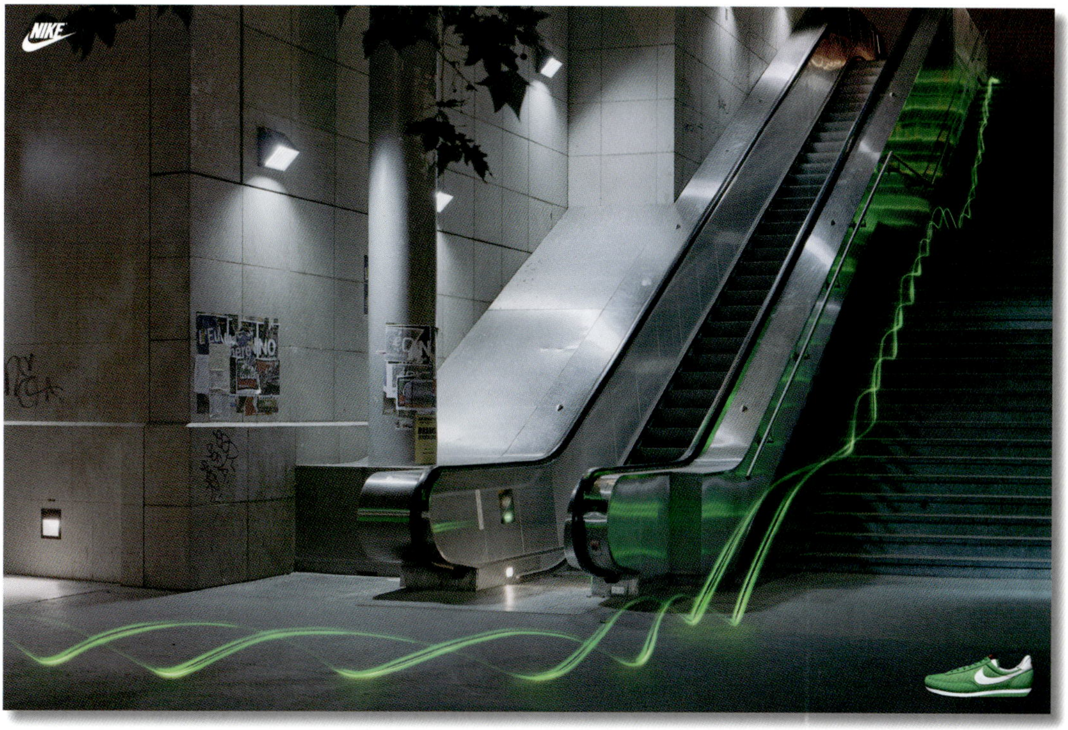
NIKE

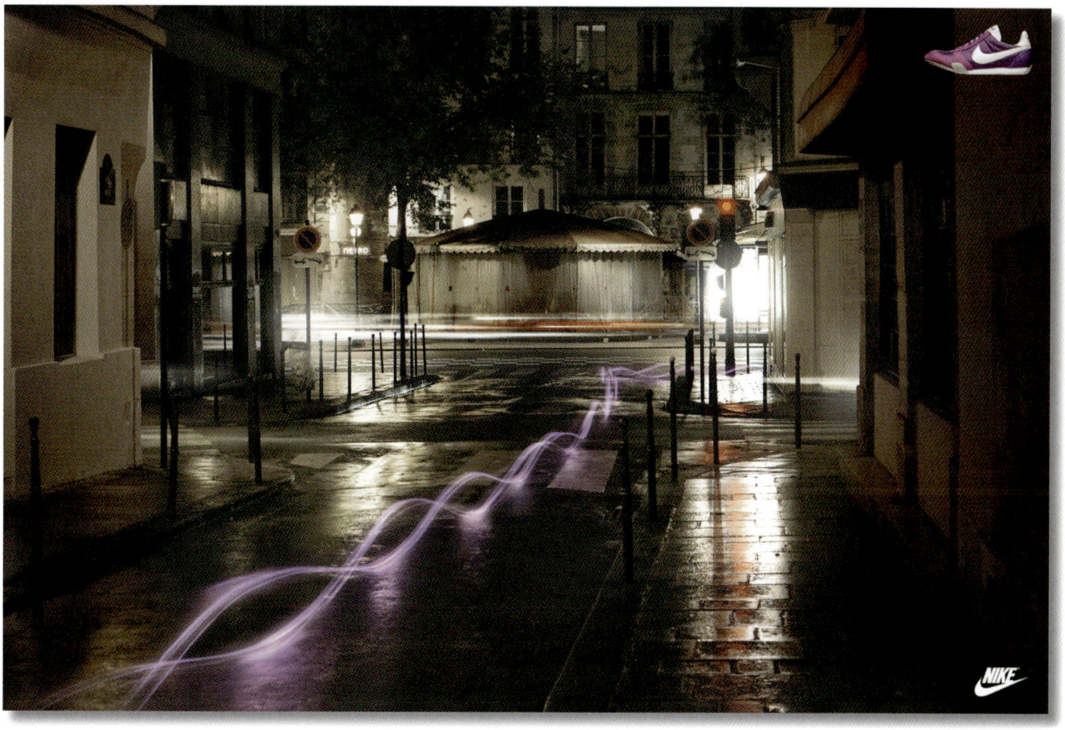
NIKE

91
切れ味のよさを料理で
Zwilling/Copenhagen

料理用のナイフの広告。いかに良く切れるかが、この広告を見ただけでよく分かる。
ナイフで切ったチーズや野菜、果物で世界遺産を再現し、切れ味のよさを納得させられてしまう。

Cairo
ギザの3大ピラミッド。クフ王、カフラー王、メンカウラー王のピラミッド、4500年前の建造物。

Barcelona
通称 "Sagrada Familia"（サグラダ・ファミリア）。アントニオ・ガウディの設計で1882年に着工以来、いまだに建築中で2250年頃の完成と言われている。

Sydney
オペラハウス。建築家ヨーン・ウツソンの、コンペティションで選ばれた設計案であるが、貝殻を並べたような独創的な形状と構造から建設が大幅に遅れ、1959年着工から1973年まで14年の歳月がかかった。現在ではシドニーの代表的なランドマークである。

Moscow
聖ワシリー寺院。16世紀にイヴァン4世によって建立され、ロシアの聖堂でもっとも美しい建物の1つと言われる。

どれもみな完成度の高い作品である。

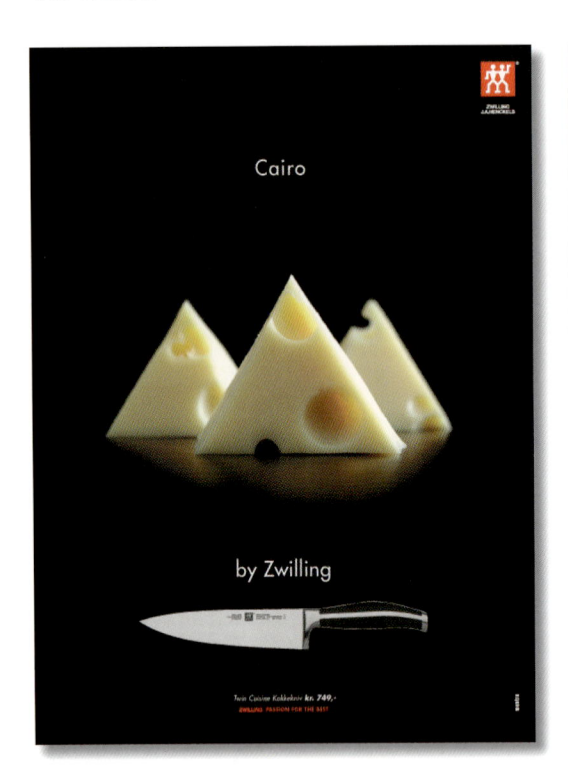

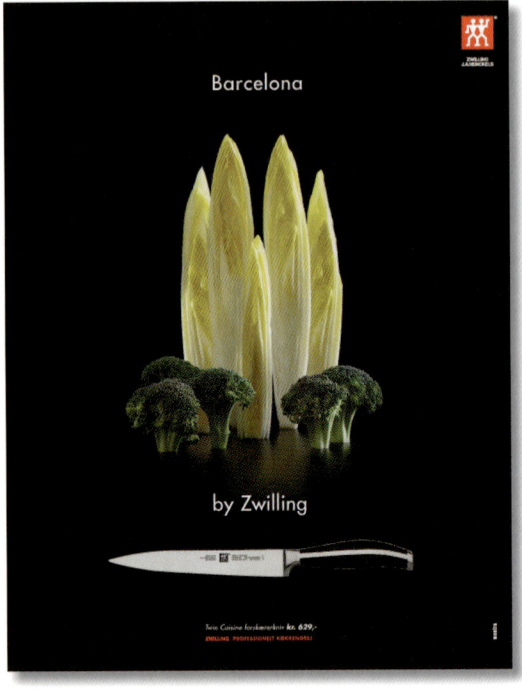

Zwilling, "Cairo, Barcelona, Sydney, Moscow"/Copenhagen
Art Director: Charlotte Orum Hansen
Copywriter: Niel Tholstorf
Photographer: Jes Buusman
Agency: Mantra, Copenhagen

Sydney
by Zwilling
TWIN Cuisine Kokkekniv kr. 749,-
ZWILLING PASSION FOR THE BEST

Moscow
by Zwilling
Twin Cuisine Kokkekniv kr. 749,-
ZWILLING PASSION FOR THE BEST

92
爽やかなダイエットおやつ
Urban Fresh/UK

はじめて見た時、何か親しみを感じる広告だ。特に手書きのパッケージとキャッチフレーズが、商品の品質と手触り感を感じさせる。紙面のレイアウトも、真ん中のキャッチフレーズのそばにさりげなく置かれているパッケージのレイアウトも、上手だ。手書きのパッケージが商品特性と合っているように思われる。これはダイエット用ドライフルーツの広告だ。ダイエットにはおやつは厳禁としているところが楽しい。

LIKE A REALLY, REALLY LUMPY SMOOTHIE.
とても、とても固まりの大きいスムージーみたいなもの。
スムージーとは、フルーツと氷と砂糖をミキサーにかけた夏の冷たいドリンク。

THINK OF IT AS A BAG OF CRISPS, A REALLY MOIST, FRUITY, HEALTHY BAG OF CRISPS.
クリスプだと思ってください。湿った、フルーティで、ヘルシーなクリスプです。英国ではポテトチップスをクリスプと呼ぶ。英国でポテトチップスというと、フライドポテトのことを指す。

IT'S SO NOT CHOCOLATE!
こんなにチョコレートじゃないなんて!

GOOD AT 4.30 PM, BRILLIANT AT 9.07 PM.

Urban Fresh Brand Dried Fruit/UK
Art Director: David Gossmeister
Copywriter: Dave Dye, Phoebe Coulton
Illustrator: Hennie Haworth, Kieran Ward
Agency: Dye Holloway Murray, London

午後4時半に食べると美味しいです。
夜9時7分には、最高！
ダイエット中は、夜のおやつは禁物だが、これなら食べられる。

ちょっと描いたアイディア・スケッチがそのまま広告になったような、爽やかタッチの広告表現である。

93
え、足が6本？
BOCAGE/Paris

写真を見たとたんに、え？と驚く。モデルの足が6本あるからだ。これはパリにある靴の高級ブランド、ボカージュの広告。ひとりで3人分のはき心地を表現しているユニークな作品だ。体はひとつ、足は3人分というアイディアが面白い。写真のモンタージュで、モデルのシチュエーションがうまい。

BOCAGE/Paris
Creative Director: Francois Michel-Rocca
Art Director: Didier Aerts, Francois Michel-Rocca
Photographer: Georgia Kokolis
Agency: Devarrieuxvillaret, Paris

94
え、衣装？
Francesco Biasia/Milan

日本でも人気が高いイタリアのバッグ"フランチェスコ・ビアジア"の広告。目線はまず人物にいく。バッグの広告に気づくのはそのあと。思わず、やられた、という感じで印象に残る。写真の出来はシャープで緻密、すばらしい。華麗なモデルたちが、文字だけを織り込んだ衣装に身をまとっているように見える。大型バッグのもの入れとしての形、機能はもとより、持ちやすさ、身体にフィットするようなデザイン、などのメリットを、裸のモデルのポーズで分かりやすく表現している。

Francesco Biasia/Milan
Art Director: Gianpietro Vigorelli, Vincenzo Gasbarro
Copywriter: Vicky Gitto
Photographer: Karina Taira
Agency: D'Adda, Lorenzini, Vigorelli, BBDO, Milan

95
痛い国境線
Medecins Sans Frontieres/Spain

ザクッと切り裂かれた人体の皮膚を、引っ張って縫い合わせたばかりの傷口がクローズアップされている。見るからに痛々しいその縫い口を、ちょうどロシアとチェチェン共和国、ティモールとインドネシアの国境線にたとえ、多くの人々の血と命の犠牲のもとに成り立って出来ているのだと暗示しているようだ。
国境なき医師団。彼らは戦場のいたるところへ行って、負傷者の救護に従事している。気の弱い人が見れば卒倒しそうな写真、強烈だから説得力もあるのだ。
「このキャンペーンで私たちが意図したものは、ビジュアル・インパクトを作り出すことです。ごく普通の地図の上に手術用の糸で国境を縫っていき、その周辺で行われている民族間の争いで傷ついた人々を治療・介護し、健康回復をもたらすというもの。国境なき医師団の実際の活動という点でも有機的に関連づけています。このキャンペーンでの一番の訴求ポイントは、国境なき医師団という団体それ自体の精神です。この広告を見た人の記憶にとどまるよう、それだけを願っています」と。
国境なき医師団とは、ナイジェリアの内戦で、負傷者の救援活動にあたったフランスの医師らが、1971年に設立した非営利団体。年間4600人以上の医師、看護師らが、約65ヵ国で医療活動を行っている。1999年にノーベル平和賞を受賞。

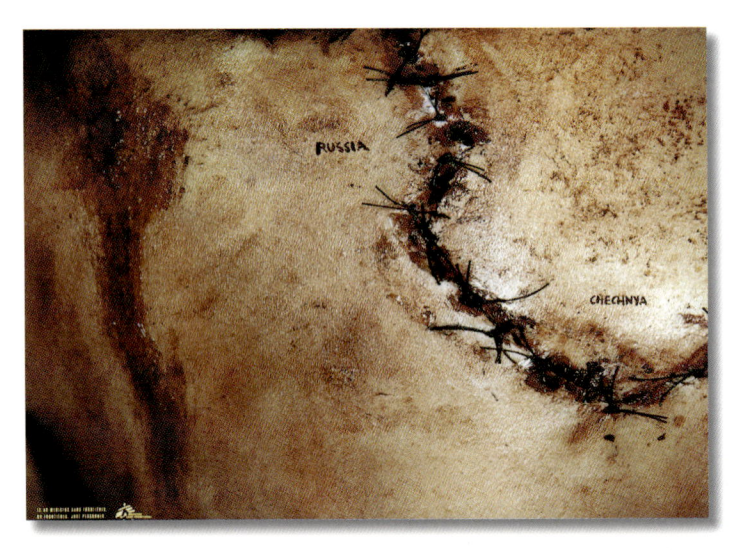

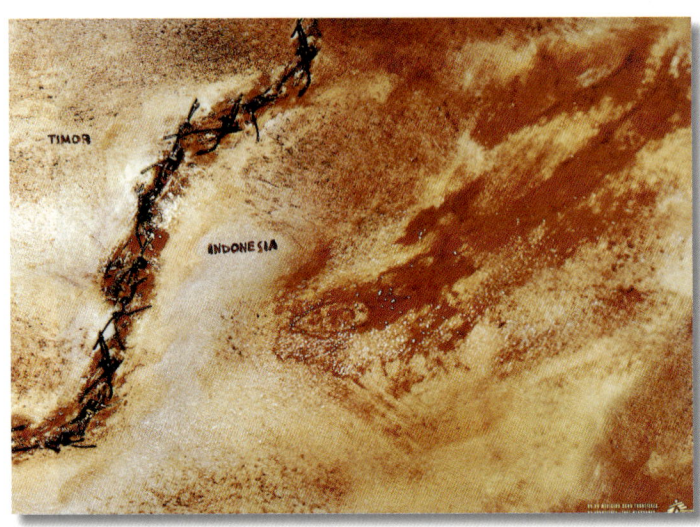

Medecins Sans Frontieres "Russia-Chechnya", "Timor-Indonesia"/Spain
Creative Director: Nicolas Hollander/Andres Martinez
Copywriter: Andres Martinez
Art Director: Andres Martinez
Agency: McCann-Erickson/Madrid
2000年カンヌ国際広告祭金賞

96
妊婦がタバコを吸うと
NHS Sunderland/UK

妊娠中にタバコを吸っている母親から生まれた赤ちゃんは、体重が少ないと言われている。母親の胎盤から栄養を吸収して発育するのに、母親の喫煙によって血管が収縮し、栄養が行かなくなり酸素が不足するからだそうだ。
では20代の女性はどのくらい喫煙しているのであろうか？日本たばこ産業が行っている全国喫煙者率調査によると、20代の女性の喫煙率が10%を超えたのはおよそ30年前、1993年以降20%台になり、2002年には過去最高の24.3%を記録、20代女性の喫煙者だけが突出して増えている。2004年を越えてから20%台を割り、2006年は18%と幾分低下している。
禁煙が叫ばれている今日、妊婦の喫煙はやめてほしいものだ。

NHS Sunderland
"If you smoke when you're pregnant, so does your baby."/UK
Creative Director: Chris Rickaby, Mark Martin
Copywriter: Chris Rickaby
Art Director: Stuart Allan, Carlo Reale, Ian Millen
Photographer: Chris Auld
Illustrator: Ian Millen
Agency: Different/UK
2003年ニューヨークフェスティバル
Art Direction Award

97
おぎゃー！
SONY/France

見るだけでゾッとする。お産の現場で、生まれてきたのが赤ん坊ではなく、大人の首なのである。一体これは何なのかと思ったら、ソニーのPlayStation 2の"出産現場"なのだ。
PlayStation 2は日本では2000年3月に発売、海外では販売体制が整ったところから、順次発売されたそうだ。この広告はフランスで制作されたもので、PlayStation 1に比べ処理能力と描写能力が格段に良くなったので、生まれた時から完成された立派な大人である、という表現である。お産のシーンといえば、PlayStationのライバルであるマイクロソフト社は、2002年にこんなCMを作っている。やはり産院で女性が出産、シャンパンの栓を抜く時の"ポン"という音とともに赤ちゃんはミサイルのように空中に飛び出す。飛んでいる途中で赤ん坊は成長し、10代、20代、40代と瞬く間に年をとり、頭が禿げて老人となり、やがて大きな音とともにお墓の上に落ちる。最後に字幕スーパーで"人生は短い、楽しく生きよう"と。意識したかどうかは分からないが、両者ともお産をテーマにしている。
それにしてもここまでやるとは驚きだ。2003年カンヌ国際広告祭のグランプリ受賞作品。

Sony PlayStation 2 "Rebirth"/France
Creative Director: Erik Vervroegen
Copywriter: Eric Helias
Art Director: Jorge Carreno
Photographer: Dimitri Daniloff
Agency: TBWA/Paris
2003年カンヌ国際広告祭グランプリ

あとがき

世界各国のすぐれた広告をご覧になって、発想や表現が国によって違うことや、それらが、それぞれの国民性に繋がっていることなどを感じ取って頂けましたら、大変うれしく思います。
この本の出版に際し、財団法人 吉田秀雄記念事業財団から出版助成を頂きました。厚く御礼を申し上げます。
また本書の編集・出版には、下記の方々にご協力頂きました。

1. 最初から相談にのって頂いた…
   犬山達四郎さん、石崎 宏さん
2. 英語を教えて頂いた…
   ルーサー・J・リンクさん、
   ジョン・マクレリーさん
3. 翻訳のお手伝いをして頂いた…
   楠 利明さん、今永百合子さん、
   金子りりさん
4. パソコンを教えて頂いた…
   高橋武俊さん、木村博史さん、
   細井保三さん
5. この本のデザインをして頂いた…
   装丁は
   岩田俊雄さん、松川葉子さん、
   本文ページは
   小泉 均さん、平澤智正さん、
   猪俣みのりさん
6. カンヌ入賞作品掲載に関し、ご協力頂いた…
   (株)東映エージェンシー
7. この本の出版を引き受けて頂いた…
   研究社の吉田尚志さん
   研究社印刷の小酒井英一郎さん、
   鈴木隆志さん

以上の方々のご協力によって、長い間の念願であった本書の出版にたどりつくことができました。心よりお礼を申し上げます。

2010年2月
金子秀之

著者略歴

金子秀之（かねこ・ひでゆき）
早稲田大学商学部卒業。
資生堂宣伝部にコピーライターとして入社。その後、TVのアートディレクターとしてMG5、BRAVAS、資生堂石鹸のキャンペーンを担当、前田美波里のサマーキャンペーンを企画。日本で最初の海外ロケを実施した。中村誠氏、水野卓氏、松永真氏などと資生堂宣伝部の黄金時代を築く。
1973年博報堂のクリエーティブディレクターに。サントリーの（ブランデー、水で割ったらアメリカン）キャンペーンをてがける。
1985年博報堂国際制作室長に、1993年有限会社クエスターを設立、国内広告キャンペーンを雑誌『ブレーン』に連載（1994/11〜1997/3）、海外広告は*Esquire*（2000/2〜2001/3）、『英語教育』（1998/4〜2000/3）に紹介、現在に至る。

著書
1985/1　天野祐吉氏と共同で『アメリカン・コマーシャル傑作大全集』を誠文堂新光社から出版。
1990/10　ルーサー・J・リンク氏と共同で『海外TVコマーシャルの英語』を研究社から出版。
1992/5　天野祐吉、P・クラッカワー氏と共同で『笑うCM』をマガジンハウスから出版。
2000/6　『世界の公共広告』を研究社から出版。

知的で、イキで、お洒落な
世界の広告たち

2010年3月1日　初版発行

著者　金子秀之
　　　© Hideyuki Kaneko, 2010
発行者　関戸雅男
発行所　株式会社 研究社
　　　〒102-8152 東京都千代田区富士見2-11-3
　　　電話: 営業03-3288-7777(代) 編集03-3288-7711(代)
　　　振替 00150-9-26710
　　　http://www.kenkyusha.co.jp/
印刷所　研究社印刷株式会社

KENKYUSHA
〈検印省略〉

ISBN 978-4-327-37728-1　C0095　Printed in Japan